"中小学主题

小学系列
班会课

（Ⅲ）

卜恩年　秦望　主编

中原出版传媒集团
中原传媒股份公司

大象出版社
·郑州·

图书在版编目(CIP)数据

小学系列班会课. Ⅲ/卜恩年，秦望主编. — 郑州：大象出版社，2021.7
ISBN 978-7-5711-0738-3

Ⅰ.①小… Ⅱ.①卜…②秦… Ⅲ.①班会-小学-教学参考资料 Ⅳ.①G625.5

中国版本图书馆CIP数据核字(2020)第158309号

小学系列班会课　Ⅲ
XIAOXUE XILIE BANHUI KE　Ⅲ

卜恩年　秦　望　主编

出 版 人	汪林中
策　　划	梁金蓝
责任编辑	梁金蓝
责任校对	牛志远
装帧设计	王　敏

出版发行	大象出版社(郑州市郑东新区祥盛街27号　邮政编码450016)
	发行科　0371-63863551　总编室　0371-65597936
网　　址	www.daxiang.cn
印　　刷	新乡市豫北印务有限公司
经　　销	各地新华书店经销
开　　本	720 mm×1020 mm　1/16
印　　张	12
字　　数	185千字
版　　次	2021年7月第1版　2021年7月第1次印刷
定　　价	35.00元

若发现印、装质量问题,影响阅读,请与承印厂联系调换。

印厂地址　新乡县经济开发区富兴路东段
邮政编码　453000　　　　电话　0373-5635065

本书编委会

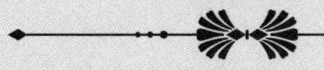

主　编

卜恩年　秦　望

副主编

刘习洪　凌　善　杨　兵　华林飞

编　委

朱　勤　许莉莉　钱　勤　华　玥
张　超　李　筠　胡纯纯　吴伟芳
王宏君　洪春燕　钱小玲　吴　娟
万　菊　黎宝媚　张涧贤　叶秀梅
丁凤英　芦　珊　赵奔香　赵亚庆
胡中英　肖　婷　林子琪　吴厚梅
林风琴　梁海玲　杨　娜　杨月嫦
周　志

专注班会十余载，开创研究新时代

——为 8+1 班主任工作室喝彩

300 多节班会，90 个主题，10 本班会教学参考书，全国各地 100 余位班主任参与编写，这是一组多么令人振奋的数字。

序列化、系列化、阶梯化、实用化四大鲜明特点，把班会研究推到一个新时代。

这是哪个部门主持的宏大项目？有人告诉我，这不是行政部门组织的，它是民间学术团队的自发行为。

我是业已退休的老班主任，乐于扶持青年班主任成长，我与秦望老师结识近十年了，那时他们的校本团队还处于起步阶段，我编书时经常向他们约稿。我知道他们专注于班会研究，没想到十年间星星之火渐成燎原之势，他们创办了《班会月刊》，合作建设"班会网"，组建了全国性的班会研究团队，制定民间版的"班会课程标准"。在丁如许老师的"魅力班会课"方法论、案例卷、对策集、教案选书系列的基础上推出小学、初中、高中班会教学参考书、实操手册系列，我为他们的成绩喝彩，为他们的进步欢欣鼓舞。

是什么原因让他们取得如此巨大的成绩呢？

一是梦想。他们推崇杨昌济的"欲栽大木拄长天"，立志要培养这样的人：有远大的理想并能执着追求的人；积极阳光、永不抱怨、心存感恩的人；品德高尚、心胸宽广的人；有着丰富的情感，懂得爱自己，也能爱别人的人；让别人幸福，自己也很幸福的人；博学多才的大师、能人；有中国灵魂、世界眼光的现代人。要想让学生有远大的梦想，老师应该先有美好的教育理想。很难设想，一个没有上进心、不具备终身学习意识的班主任如何能够培养出出色的人才。

因此，他们说，我们每个人都是一名"学者"，与时俱进，活到老，学到老。我们共同追求这样的境界：远离浮躁，追求宁静；远离肤浅，追求丰盈；远离低俗，追求高贵；远离专制，追求民主；远离私情，追求公正；远离平庸，追求卓越。用爱心温暖爱心，用智慧启迪智慧，用人格塑造人格；为学生的终身幸福，为学校的持续发展，为民族的伟大复兴，为中国的未来崛起，培养高素质的公民。

二是热爱。我去济源市第一中学讲学，看到8+1班主任工作室墙壁上的共同宣言："我们都是普通的人，但对教育事业的热爱让我们不甘于普通；我们都是平凡的教师，但对学生的热爱让我们不甘于平凡。行动起来，我们共同倾听专家和同伴的声音，我们共同追寻教育的理想和真谛，我们共同书写人生的幸福和美丽！"我知道他们的工作是非常繁重劳累的，工作时间长，压力大，但他们仍然背着重负跳舞，没有对事业的热爱是无论如何也撑不住如此重负的。著名作家路遥说："只有初恋般的热情和宗教般的意志，人才有可能成就某种事业。"他们用自身的行动诠释了这样的道理：教师应该做理想主义者。这是教育本身的内在要求，它需要有追求完美人格的精神、海纳百川的胸襟、追求卓越的品质、天人合一的情怀、自强不息的意志、敢为人先的魄力、诚信公正的操守、浪漫时尚的气质、白璧无瑕的品格。所以有人说，教育需要信徒和殉道者来朝圣，需要肉体的投入、灵魂的参与和精神生命的支撑。

因为他们心中有火一般的对教育事业的热爱，所以他们能够以充沛的精力、满腔的热情去奋斗、去拼搏、去追求。美国作家德士特·耶格、约翰·马森在《追求》一书中写道："人生最重要的就是找到值得追求的梦想——当实现这个梦想后，再追求更大的梦想。追求改变一切，追求会让你心驰神往，让你能量倍增，让你精力集中，带给你不可思议的收获。"事业心是他们十年前行的航向标，追求是班主任巨大的动力源。班主任需要高扬追求的大旗。在逆境中，只要这面大旗在，什么困难都不在话下，就有希望，就能转败为胜；在顺境中，只要这面大旗在，就不会沉溺于纸醉金迷、花前月下。班主任高扬追求这面大旗，就能攀上更高的险峰。我们或许没有理想的生活，但是我们要有生活的理想。只要有追求，心中就会涌动希望的浪花，即使在滴水成凌、百花凋敝的数九隆冬，也能感觉到春天的脚步。

三是专注。秦望说："成功的路上地广人稀，因为能坚持下来的人太少。"何谓"8+1"？"8"指的是工作时间，"1"指的是业余时间。"工作时间决定你的现在，业余时间决定你的未来。"团队成员要在工作时间一心一意，在业余时间多读一点，多思一点，多写一点，多研一点。他们坚持群体修炼"十大行动"：扎实开展阶梯阅读活动，坚持多种模式日常研修，建设德育课程资源库，编写工作室读本系列，实施三年师生共读计划，探索工作室亲子教育，实现师生共写日志周记，开发课程培养团队专家，扩大对外学术交流，搭建工作室网站平台。他们还坚持个体修炼的"十项功课"：每天坚持谈诵听读写、每月读一本班主任杂志，每学期看一部教育影视片，每学期听一次专家讲座，每个月上一节精品班会，每星期做一次心理辅导，每星期写一篇教育随笔，每学期做一次主题演讲，每学年写一篇德育论文，每学年做一次文化旅行。正是由于长期坚持修炼，十年如一日做功课，他们才能走到今天。

格拉德威尔在《异类》中提出"一万小时定律"。他认为，人们眼中的天才之所以卓越非凡，并非天资超人一等，而是付出了持续不断的努力。一万个小时的锤炼是人从平凡变成超凡的必要条件。写出《明朝那些事儿》的当年明月，5岁开始看历史，11岁之前读了7遍《上下五千年》，11岁后开始看"二十四史"和《资治通鉴》，然后是《明实录》《清实录》《明史纪事本末》《明通鉴》《明汇典》和《纲目三编》。他陆陆续续看了15年，总共看了6000多万字的史料，每天都要学习2小时。把这几个时间数字相乘，15年乘2小时再乘360天，等于10800小时。所以在海关工作的他，白天当公务员，晚上化身网络作家，在电脑前码字。

秦望经常说自己很笨，记得郑学志老师也经常说自己不聪明。可正是这些"笨人"，十年专注于一件事，郑学志团队专注自主教育，秦望团队专注班会研究，他们分别在自己的领域取得了骄人的业绩。

班会研究大有可为！需要更多的班主任朋友接替我们老一辈的班，相信你们一定会超越我们。

我相信秦望主持的8+1班主任工作室的研究能力，郑重向大家推荐这套书，同时希望更多的青年班主任立下教书育人的宏图大愿。

张万祥

(作者为德育特级教师,享受国务院特殊津贴专家)

打造班会教学参考书

秦 望

近几年全国的班会研究蓬勃发展,国家政策指明方向,媒体搭建信息平台,赛课活动红红火火,学校课表开设课程,团队合作态势喜人,个体探索百花齐放。

同时仍存在很多问题,诸如学校或班主任理念错位,把班会课变成了补充课、自习课、测验课、通知课、训话课、总结会、布置会;个体研究缺失,导致班会课老生常谈、主题随意、内容陈旧、形式单一、参与度低、收效甚微;受班主任专业素养的限制,如知识视野、思想方法、审美情趣、文化品位、表达沟通、组织协调等,班会课魅力未能尽显;等等。

班会分类莫衷一是,不方便老师学习。我认为,班会有广义和狭义之分。狭义班会指的是主题教育课,是在班主任的主导下,全体学生共同参与的,为解决班级中的教育问题,围绕某一主题而实施的班级教育活动。而广义班会是指班级中由老师或学生组织的各类主题会、交流会、报告会、联欢会、朗诵会、演讲赛、辩论会、技能赛、团队会、节庆会、家长会等班级活动。这种定义方法更注重班会功能的发挥,而非学术概念的严谨,方便一线老师操作。

班会技巧五花八门,不利于老师掌握。主题班会设计与实施要有计划性、针对性、有效性、主体性、艺术性,亲、小、近、新、活、趣、实。形式要多种多样,如师生对话、小组讨论、观看视频、情景思辨、活动体验等。从导入到具体环节到最后总结,凤头猪肚豹尾,布局谋篇颇费思量,素材搜集花尽功夫。目前,案例类班会书为数不少,能够满足老师研习。但众所周知,班主任是学校最忙的群体,"哪来时间研读，设计谈何容易"！实际上是缺少一套班主任拿来就能借用的班会教学参考书。

我是一名班会爱好者，读了几十本班会书，看了数百篇班会论文，主持着8+1班主任工作室的活动，专注班会14年。团队搜集分类的班会素材数据量达2TB，创办了《班会月刊》杂志，合作建设"班会网"，参与了丁如许、迟希新、冯卫东等主持的全国几十场班会现场研讨活动和多种班会书的编写，培养了一大批青年才俊。笔者所在学校河南省济源第一中学非常重视班会课，每年举办班会研讨会，每周举行班会公开课，即便如此，开班会时仍有人有畏难情绪。在这个过程中，我们逐渐认识到，单独一节班会课无论如何精彩，仍处于零敲碎打状态，对学生成长和班级发展所起的作用有限。教育主管部门的班会课程标准尚未出台，班会课只能在老师的摸索中跟着感觉走。

一个操作性强的班会课程体系，一套实用的班会教学参考书的出炉是众人所需。于是，我们在14年实践研究基础上，群策群力，召开多次研讨会，全国上百位班主任参与设计了中小学班会教程系列班会案例。它有四大鲜明特点：

1. 序列化。按时间顺序，依工作安排和学生成长规律，从入学第一课到毕业前的最后一课，贯穿整个学段。

2. 系列化。每个学期分若干个主题，每个主题下依主题内涵设计若干节相关内容的班会，涉及学生成长与班级建设的方方面面。

3. 梯度化。比如教师节话题，高一侧重于理解、体谅、感恩初中老师；高二侧重于感谢、鼓励现在的老师；高三侧重于在老师的理想、境界、胸怀的感染下，和老师一起奋斗。标题分别是《谢谢你，老师》《我给老师颁个奖》《长大后我就成了你》。比如感恩话题，小学六年共设计了六节对亲人感恩的班会，从对父母的感恩扩展到对老师、同学、朋友、学校、祖国的感恩，从被动的感恩到主动的感恩的境界，从单纯的感恩上升到思考母爱的本质。

4. 实用化。每周一课的班会设计，务求简洁，易借鉴，并提供班会课件和链接素材。这些班会都是在上课的基础上打磨而成，着力于班级和学生现实问题及长远发展。

这套丛书共计10本，小学、初中、高中各三本，外加一本实操手册，力图向大家揭示班会的功能：

  班会是师生共同的精神生活，班会是师生真情的投入过程，班会是和谐关系的桥梁纽带，班会是解决问题的重要载体，班会是文化建设的多彩空间，班会是凝聚集体的最佳途径，班会是价值引领的舆论阵地，班会是学生成长的关键事件，班会是自我教育的有效方式，班会是教育素养的集中展现。

  本次出版的是《小学系列班会课》三本，设计体系如下：

学期	月份	主题	话题	标题
一年级上学期	9	适应	青青校园	你好，我的新家！
			温馨班级	我爱我家
	10	成长	茁壮成长	小小手儿最能干
			文明说话	有话，我要好好说
	11	习惯	我型我秀	秀秀我的好习惯
			自我整理	哭泣的小花猫
	12	集体	身边榜样	班有小明星
			从小做起	巧手变奏曲
	1	学习	岗位锻炼	小小红领巾来上岗
			勇争第一	学习，我有金点子
一年级下学期	3	文明	微笑问好	校园里，请学会微笑
			迷人风采	巧手小展示
	4	足迹	榜样引领	先烈，是一面飘扬的旗帜
			崇尚英雄	清明诗歌记心中
	5	自护	岗位自主	红领巾飘起来
			自理自护	我掉了一颗牙
	6	行走	美好世界	大眼看世界
			多彩童年	我的多彩童年

续表

学期	月份	主题	话题	标题
二年级上学期	9	尊师	暑期回顾	暑假,"牛仔"很忙
			我爱老师	您好,老师!
	10	岗位	小岗大得	我的岗位我做主
			能力展示	我来露一手
	11	阅读	书上有路	从一本书说起
			陪伴引领	童话伴我们成长
	12	自护	快乐阅读	我读书,我快乐
			自护有方	陌生人来了
	1	成长	自立自强	我相信,我能行
			生存挑战	我学会了洗手
二年级下学期	3	文明	礼仪交往	校园礼仪对对碰
			学会赞美	我最喜欢的人
	4	传承	家风传承	清明传家风,故事我来说
			足迹寻访	先烈的足迹我寻访
	5	欢乐	欢乐世界	我的欢乐童年
			生活难忘	再见,二年级!
	6	远足	山河秀美	小脚丫走四方
			家乡如画	家乡小导游
三年级上学期	9	规划	确立目标	新学期,星计划
			集体建设	我是班级小主人
	10	节约	岗位锻炼	班级岗位我能行
			节约光荣	唱响节约之歌
	11	尊重	沟通理解	懂得尊重
			尊重他人	猜猜他是谁
	12	学习	阅读脚步	书的魅力,与你共享
			良好习惯	向不交作业说再见
	1	安全	有序活动	课间,我们怎么玩
			安全保障	户外活动 安全常伴

续表

学期	月份	主题	话题	标题
三年级下学期	3	自信	自信成长	自信助我成长
			接受挫折	笑对挫折
	4	传承	传承精神	革命故事我来讲
			自省自悟	再见吧，我的坏习惯
	5	成长	仪式庄重	小鬼当家
			小鬼当家	今天我十岁啦！
	6	欢乐	六一飞歌	快乐六一，童心飞扬
			快乐脚丫	快乐的暑假
四年级上学期	9	尊师	表露心声	老师，我想对您说
			师恩难忘	师恩难忘
	10	岗位	我学我乐	我是学习的小主人
			岗位历练	小岗位　大收获
	11	阅读	书香童年	书香浸润童年　好书伴我成长
			好书世界	晒晒我的小书柜
	12	友谊	友谊小船	友谊的小船
			科学探索	品味科学　创意无限
	1	梦想	社区服务	我是社区志愿者
			梦想起飞	张开梦想的翅膀
四年级下学期	3	安全	食品安全	食品安全我知道
			班级争光	我为班级添光彩
	4	传承	清风徐来	走近清明
			精神传承	我心中的英雄
	5	家国	家国天下	国家大事知多少
			绿水青山	青山绿水家乡美
	6	班风	规章制度	无规矩不成方圆
			我爱我班	再见，四年级！

续表

学期	月份	主题	话题	标题
五年级上学期	9	岗位	责任在肩	小岗位，大责任
			目标路径	整理，从做小事开始
	10	法制	法在心中	法在我心中
			远离网络	网络！网络！
	11	低碳	低碳生活	低碳生活，从我做起
			绿水青山	呼唤明天的绿色
	12	青春	男生女生	男神女神对对碰
			精彩课外	辅导班，想说爱你不容易
	1	交流	学会倾听	学会倾听，养成习惯
			经验分享	学习经验交流会
五年级下学期	3	沟通	讲究礼仪	说话，要讲究文明礼貌
			沟通技巧	有话好好说
	4	传承	崇尚英雄	革命故事我来讲
			致敬国旗	向国旗敬礼，为队旗添彩
	5	诚信	播种诚信	让诚信之花遍地绽放
			诚信为本	争做诚信好少年
	6	环保	山美水美	巴东是我家，我们都爱她
			环保先行	争当环保小卫士
六年级上学期	9	恩师	内省顿悟	感恩成长，拥抱未来
	10	岗位	岗小责大	小小岗位，人人有责
	11	阅读	致敬经典	向经典致敬
			精神史诗	书籍——我的穿越宝器
	12	心态	成长烦恼	成长的烦恼有方法
			阳光心态	阳光心态看"影视"
			笑对挫折	笑对挫折

续表

学期	月份	主题	话题	标题
六年级下学期	1	人生	男生女生	男生VS女生
			科学无限	走近科学
	3	成长	精彩代言	我做祖国的代言人
			成长点滴	我的成长足迹
	4	远方	青春飞扬	走向毕业的成长之旅
			美好愿景	展望我的初中生活

54个主题，每个主题书中均有解读。主题内涵是什么？围绕主题是怎么设计系列班会话题的？每节班会均有清晰的环节、流畅的串词、核心的内容。小学六年全程班会，虽然每一节不一定都精彩，但只要扎扎实实开下来，100多节课的积累，必将撑起班级的高度，学校的厚度，学生的宽度，老师的深度。当然，每位班主任个性不同，有的探索了自己的班会班程系列，即便如此，我相信这套书也能带给大家一些有益的启发。

班会研究和班主任的发展是无止境的，这套书是我们研究与实践的结晶，如果有错漏之处敬请指正。对班会研究尽一份责任，让班会散发出应有的魅力，使班会成为学生期待的一节课，为中国教育发展尽一份心力，我们一起努力，是一件非常开心的事情。

加入8+1工作室（QQ群研修平台:31200058；微信公众号:8jia1）或登录"班会网"获取更多资源。反馈意见，请发邮箱：726801809@qq.com。

秦望

目 录

五年级

9月：岗位
    1. 小岗位，大责任　　朱勤　　　　　　　　　　　　3
    2. 整理，从小事做起　　卜恩年　　　　　　　　　　9

10月：法制
    3. 法在我心中　　许莉莉　　　　　　　　　　　　　14
    4. 网络！网络！　　卜恩年　　　　　　　　　　　　19

11月：低碳
    5. 低碳生活，从我做起　　钱勤　　　　　　　　　　26
    6. 呼唤明天的绿色　　华玥　　　　　　　　　　　　30

12月：青春
    7. 男神女神对对碰　　张超　　　　　　　　　　　　40
    8. 辅导班，想说爱你不容易　　卜恩年　　　　　　　46

1月：交流
    9. 学会倾听，养成习惯　　李筠　　　　　　　　　　51
    10. 学习经验交流会　　胡纯纯　　　　　　　　　　　59

3月：沟通
    11. 说话，要讲究文明礼貌　　刘习洪　　　　　　　　63
    12. 有话好好说　　吴伟芳　　　　　　　　　　　　　67

4月：传承
- 13. 革命故事我来讲　　王宏君　　74
- 14. 向国旗敬礼，为队旗添彩　　洪春燕　　78

5月：诚信
- 15. 让诚信之花遍地绽放　　钱小玲　　82
- 16. 争做诚信好少年　　朱勤　　86

6月：环保
- 17. 巴东是我家，我们都爱她　　吴娟　　93
- 18. 争当环保小卫士　　万菊　　98

六年级

9月：恩师
- 1. 感恩成长，拥抱未来　　叶秀梅　　107

10月：岗位
- 2. 小小岗位，人人有责　　丁凤英　　112

11月：阅读
- 3. 向经典致敬　　芦珊　　115
- 4. 书籍——我的穿越宝器　　赵亚庆　　118

12月：心态
- 5. 成长的烦恼有方法　　胡中英　　122
- 6. 阳光心态看"影视"　　肖婷　　127
- 7. 笑对挫折　　林子琪　　130

1月：人生
- 8. 男生 vs 女生　　8+1班会小学组　　134
- 9. 走近科学　　吴厚梅　　138

3月：成长
- 10. 我做祖国的代言人　　林凤琴　　146

| 11. 我的成长足迹 | 梁海玲 | 152 |

4月：远方

| 12. 走向毕业的成长之旅 | 杨娜 | 158 |
| 13. 展望我的初中生活 | 周志 | 165 |

我有一个梦想（代后记） 秦望   171

五年级

岗位

法制

低碳

青春

交流

沟通

传承

诚信

环保

五年级

五年级，从岗位说起，从小事做起，小岗位，大责任；从诚信聊开，不空谈，诚信在我心中；以环保为主题，学会垃圾分类，青山绿水、最美地球是我们不忘的初心；我们长大了，面对异性，来一次走心的交流，解开心中的千千结；关注人与人之间的关系，有话要好好说……五年级，我们已有小目标，已经学会相处与交流，更有独立的个性，精彩的未来。

9月：岗位

1. 小岗位，大责任

◎ 江苏省无锡市梅村实验小学　朱勤

[班会背景]

本学期初，我设立了"各司其职"表，明确了班级的清卫工作，同学们自觉认领并执行。几个月下来，大部分学生对自己的"岗位"都能认真对待，但有个别学生时常会忘记自己的职责。"责任感"对学生的健康成长尤为重要。因此，我们决定召开一次主题班会，让同学们明白什么是责任感，进而增强学生班级主人翁意识。

[班会目的]

1. 通过开展本次活动，引导学生明确"责任"意识。

2. 引导学生认识到班集体的成长离不开每个人的用心付出。

[班会流程]

班会导入

1. 小故事　大道理（配乐讲述《乌鸦兄弟》的故事）

　　乌鸦兄弟俩同住在一个巢里。有一天，巢破了一个洞。

　　大乌鸦想："老二会去修的。"小乌鸦想："老大会去修的。"结果谁也没有去修。

　　后来，洞越来越大了。大乌鸦想："这一下老二一定会去修了，巢破成这样了，它还能住吗？"小乌鸦想："这一下老大一定会去修了，难道巢破成这样了，它还能住吗?"结果谁也没有去修。

　　转眼间冬天来了,西北风呼呼地刮着,大雪纷纷地飘落。乌鸦兄弟俩蜷缩在破巢里,哆嗦着叫道:"冷啊!冷啊!"大乌鸦想:"这么冷的天气,老二一定忍不住会去修了。"小乌鸦想:"这么冷的天气,老大还能忍得住吗?它一定会去修了。"可是谁也没有动手,只是把身子蜷缩得更紧些。

　　风越刮越凶,雪越下越大……

　　结果,巢被吹掉到地上,两只乌鸦冻死了。

2. 提问：听了这个故事,你有什么感想?

　　生1：有困难要想办法解决,不要像乌鸦兄弟那样相互推脱。同学之间要团结,互相帮助,才能把该做的事做好。

　　生2：当我们遇到问题时,不能总依赖别人,幻想着别人会来替我们解决。你看乌鸦兄弟俩,又自私,又懒惰,如果它们两兄弟中有一个肯主动些,就不会落到最后被冻死的结局了。

　　生3：要做个有责任心的人,不能总是把责任推给对方。

3. 教师引导。

　　说得真好! 通过故事我们知道：责任心甚至会事关生死,所以不管在什么情况下,我们都要做个有责任心的孩子。试想,在班集体里,如果每天的值日扫地,你怕多扫了一寸,我怕多扫了一尺,谁都不扫的话,我们的教室岂不成了垃圾堆了?

　　今天我们就来聊聊班级岗位与责任心吧!

第一环节：我所理解的责任心

1. 第一小队：责任促成大成功。

　　一天,美国一位12岁的小男孩正与他的小伙伴们玩足球,一不小心,小男孩将足球踢到了邻近一户人家的窗户上,一块玻璃被击碎了。

　　一位老人立即从屋里跑出来,勃然大怒,大声责问是谁干的,小伙伴们纷纷逃跑了。小男孩却走到老人跟前,低着头向老人认错,并请求老人宽恕。老人却十分固执,小男孩委屈地哭了,最后老人同意小男孩回家拿钱赔偿。

　　回到家,闯了祸的小男孩怯生生地将事情的经过告诉了父亲。父亲并没有因为他年龄小而原谅他，而是板着脸一言不发。坐在一旁的母亲为儿子说情，开导父亲。过了不知多久，父亲才冷冰冰地说道："家里虽然有钱，但是他闯的祸，就应该由他对自己的行为负责。"停了一下，父亲还是掏出了钱，严肃地对小男孩说："这15美元我暂时借给你赔偿人家，不过，你必须想办法还给我。"小男孩从父亲手中接过钱，飞快地跑回去赔给了老人。

从此，小男孩一边刻苦读书，一边用空闲时间打工挣钱还给父亲。由于人小，不能干重活，他就到餐馆帮别人洗盘子刷碗，有时还捡废品。经过几个月的努力，他终于挣到了15美元，并自豪地交给了父亲。父亲欣然地拍着他的肩膀说："一个能为自己过失行为负责的人，将来一定会有出息的。"

许多年以后，这位男孩成为了美国的总统，他就是里根。后来，里根在回忆往事时，深有感触地说：那一次闯祸之后，我懂得了做人的责任。

2. 第二小队：小品"责任心形成好班级"。

时间：周五午休。

地点：教室。

人物：甲（女班长）、乙（女组长）、丙（男组员）、丁（男组员）。

甲：（面部表情有些严肃）乙，老师让我通知你，这周由你们组负责维护班级博客，找几个同学在博客上发表几篇自己写的博文，最好再发些有意义的图片，让大家学习一下！

乙：（微笑）好的，我这就去通知他们。

乙：丙、丁，这周由我们组维护班级博客，你们两人可是电脑高手加写作奇才，我们组这周可全靠你们了。今天周五了，你们利用周末两天时间搞点出色的东西出来，让大家看看！我再去通知另外几个同学，让他们发几篇博文。你们看怎么样？（眼睛看向两位同学）

丙：（认真诚恳地说）好的，没问题，我会尽力的。

丁：（眼睛左右转动，让人感觉在想什么坏主意）嗯……嗯，（停顿一下，表情有点儿搞笑）我看我周末是不能维护班级博客了。

乙：（表情带有疑问地看着丁）为什么？

丙：（表情带有疑问地看着丁）

丁：(吞吞吐吐，眼睛不敢直视同学)我，我……停电，对了，我家周末要停电，所以不能上网，不能上网也就不能维护班级博客了。(表情像是松了一口气，一定要生动搞笑，让观众一看就知道你在说谎)

乙：哦，这样呀，那这次就算了吧。

丁零零，下午第二节下课。(画外音)

丁：丙，你周六上午来我家吧，我们一起打游戏吧，我们这次一定要斗个你死我活！非决一胜负不可。嘿嘿……(表情偷笑)

丙：(表情开心兴奋)好啊！(马上转成疑问)嗯，不对啊，你家不是停电吗？

丁：嘘……小点声儿，我是骗他们的。

丙：啊……你……(张口结舌，表情十分惊讶)

丙找到甲和乙。

丙：(小声地说)班长、组长，丁家周末根本就没有停电，他是骗你们的。

甲：(惊讶的表情)啊！我们一起去找丁谈谈。

甲和乙气愤地去找丁，丙则跟在她们后面。

乙：(气愤地说)丁，你怎么能说谎骗我们呢？

丁：(自以为是的表情)怎么了，班级博客关我什么事呀，我干吗要花费那么多的时间去打字发博文？搞什么班博呀，我玩游戏的时间还不够呢！有那时间我不会玩玩游戏啊？

丙：(用激动的语气说)丁，我们是最好的朋友，你不能这样想，更不能这样说啊！

乙：(有些气愤，但语速不要太快)维护班级博客，开学以来我们组还是第一次轮到，既然轮到我们组，这就是我们组的责任，我们一定要尽心尽力地做好它。你这种不负责的行为太让人生气了。

丁：(不屑地对着乙说)轮到我们组又怎么样？我们组又不止我一个人，你干吗总是针对我？

乙：(十分气愤的表情)你……(甲拉住乙不让她再说下去)

甲：(耐心平和的语气)丁，这件事就是你不对了，班级博客并不是一个人的，它是我们全体同学的荣誉啊，我们每个人都有责任和义务把它维护好，创建好！

我们要团结一心把我们班最优秀的一面展现给所有人看。你说对吗？

丁：（低头）嗯，对不起，是我错了。（抬起头诚恳地看着大家说）那就让我将功补过吧，到时你们就看看我在博客上给大家带来的惊喜吧！

甲、乙、丙：（开心地笑着说）好的。

3. 第三小队：三句半"责任成就好少年"。

甲：阳光明媚春意浓。　乙：鸟鸣声声蝴蝶舞。

丙：我们上台来表演。　丁：三句半。

甲：三句半呀说个啥？　乙：有关培养责任心。

丙：这个话题怎么样？　丁：很重要！

甲：我是家庭小主人。　乙：孝敬父母懂道理。

丙：洗衣烧饭拖地板。　丁：有孝心。

甲：每堂课上专心听。　乙：认真作业不拖拉。

丙：琴棋书画样样行。　丁：进取心。

甲：碰到难题不退缩。　乙：静下心来勤动脑。

丙：不克服它不罢休。　丁：有恒心。

甲：自己事情自己做。　乙：自尊自爱不放弃。

丙：相信自己肯定行。　丁：自信心。

甲：不丢果壳和纸屑。　乙：地上有纸捡起来。

丙：植树种花爱动物。　丁：懂环保。

甲：同学有难我来帮。　乙：答应别人应做到。

丙：诚实守信讲信用。　丁：有诚心。

甲：有错敢于来承认。　乙：承担责任来改过。

丙：下不为例最重要。　丁：有决心。

甲：生命安全是第一。　乙：活动游戏应注意。

丙：电脑电视能克制。　丁：爱自己。

甲：自尊心和自信心。　乙：进取心与同情心。

丙：恒心孝心和关心。（合：它们都是——）丁：责任心。

甲：我们都是好少年。　乙：从小就有责任心。

丙：爱家爱国爱自己。　丁：将来为国为人民。

4. 第四小队：歌曲《牢记核心价值观》。

第二环节：责任心需要落实

1. 大家都认识到了"责任心"的重要性，但是"责任心"做起来可并不容易。不信，你看（出示捕捉到的一些画面）：课桌不整齐、教室无人亮着灯、垃圾满柜子……

2. 有话大家说：面对以上情况，我们该怎么办？（小组交流）

3. 商讨班级"岗位责任章"的评比细则。

(1) 严格按照"各司其职"表，在自己的小岗位上为集体服务。

(2) 每次打扫卫生能尽心尽力。

(3) 有集体荣誉感，学会主动打扫。

(4) 自己从事的岗位工作得到他人的肯定。

不做语言的巨人，行动的矮子！（全班齐声朗读）

第三环节：小小榜样在身边

1. 教师引导：其实，在我们班级就有好几个爱岗敬业的小明星！大家来评一评，你觉得我们班哪些同学能获得"岗位责任章"，并说出推荐理由。

2. 评选榜样：郑重颁发"岗位责任章"，获奖同学发表感言。

第四环节：小结

让我们在榜样模范的带领下，齐心协力，守好岗位，为自我健康成长，为班级更加美好出力加油！

[班会延伸]

制作班级岗位墙，把各个岗位人员及工作要求列清，设立光荣榜，发挥"岗位责任章"获得者的模范榜样作用。

9月：岗位

2. 整理，从小事做起

◎ 江苏省扬州市邗江区实验小学　卜恩年

[班会背景]

进入五年级，似乎很多学生还沉浸在中年级的轻松、散漫之中，班级管理缺少主动性，自主岗位可有可无，学习上呈现的是一种疲态，丝毫没有感觉到五年级学习上的压力，没有半点儿紧张感。我通过认真调查与分析，发现很多学生都没有明确的目标。没有目标也就没有动力，本节班会的目的就是实现从"要我做"到"我要做"的改变。

[班会目的]

1. 针对班级存在的问题，运用体验、讨论等手段，感悟整理在个人生活中的重要性。

2. 通过对比，让学生体验到目标意识在个人成长中的实际意义，以及树立切实可行的目标的重大意义。

3. 通过班会，让每一个学生意识到时时整理、事事整理的好处，从而在条理性、计划性上迈出关键一步，为美好人生、幸福人生打下坚实的基础。

[班会流程]

一、班会导入

今天的班会，我们先从一道奥数题开始，大家愿意接受这一挑战吗？（愿意）既然大家愿意接受挑战，那我们就开始吧！

二、初步感受优化的策略

1. 出示奥数题。

烧一道"香葱炒蛋",需要七个步骤。每个步骤所需时间如下:敲蛋1分钟,洗葱、切葱花3分钟,打蛋2分钟,洗锅2分钟,烧热锅2分钟,烧热油4分钟,炒4分钟。那么,你认为烧好这道菜最短时间为多少分钟?

2. 小组讨论,解决这道问题。

3. 思考几个问题:

(1) 如何做到用时最省?

(2) 通过这道数学题,看我们平时的工作与学习,是否也有类似的苦恼?

4. 说说自己的苦恼。

生1:我是班干部,每天有检查、记录、谈话、收作业等许多工作,其他老师说我不务正业。

生2:我的爸爸给我报了好多辅导班、兴趣班,每个班都有一堆作业,反倒学校布置的作业没有完成,结果被老师批评了。

生3:我每天晚上作业都会做很长时间,面对作业都有一种恐惧感。

5. 小结。

同学们说了自己遇到的一些困难和烦恼,这些情况或多或少存在于每一个人的身上,有的严重,有的比较轻,但是这毕竟是遇到了烦恼,当然每个人也有不同的解决办法。就如我们刚才研究的那道题一样,在奥数范围内,答案显然就是唯一的,不过在生活中,答案就不一定了。所以刚才各个小组分享自己如何思考的时候,我们的要求就是体现自己为什么这么做。优化的过程就是一个统筹的过程,实际上就是一个整理的过程。

三、再次感受整理的好处

1. 小比赛:感受谁做得快。

听老师的口令:谁最先拿出语文课本就站起来。预备,开始——

(学生首先把书包放在桌上,打开书包,听候老师的命令)

实地采访:为什么这么快(慢)就(才)拿出了语文课本?

生1:我平时就把语文课本放在最上面,语文课多,用的时间多,所以就放在最上面。

生2：我刚才猜了一下，估计是拿语文课本，所以就盯着语文课本，也就比别人快了一点。

生3：我不知道语文课本放在什么地方，找了半天，原来是放在两本大的练习册的中间，所以时间花得很多。

2．再比赛：感受为什么要这么做。

我们的比赛，输赢是其次，关键是从比赛中，我们感受到一些事情带给我们的启迪，再来一次比赛如何？（好）

这一次是整理书包，大家首先不要笑，二年级就做过的活动，为什么要放在五年级？是不是大家有这个疑惑？不错，我们先比赛。

（全体学生把书包里面的书全部倒出来，要求是打乱次序，各个小组的小组长监督执行）

整理书包大赛开始，全班同学参加比赛。宣布比赛结果。

(1) 思考：

①你是如何快速整理的？有没有什么窍门？

②你的书包为什么这么轻？你的书本都到哪儿去了？

③通过整理书包比赛，你又有什么感悟？

（小组讨论，分享彼此在比赛中的体会）

(2) 交流：

学生代表小组交流。

观点1：常用的书本放在最上面，要交的作业也要放在最上面，这样就不会慌慌张张的。

观点2：作业和书本分开放，分类整理是我经常做的事情。

观点3：我的书包很轻，是因为我每天都要整理，想一想第二天上什么课，开始记不住课表，后来熟悉了，每天只需要2分钟，就轻松搞定了。

观点4：工具书放在学校里，常技课是循环教材，可以放在抽屉里，每天有语数外和一本课外书即可。

(3) 小结：同学们能在一次活动中有这么多的感悟，是一件十分喜人的事情，说明我们很多同学已经透过表象看到了事物的本质。

3. 回归现实：镜头里面的故事。

在这次班会开始之前，我已经布置同学们做了一项工作，那就是拍好两张照片，那么我们就来看看大屏幕，请每一个故事的主人公出来讲一讲：

> 故事1：这是我的小书房，前一张是我没有整理的书房，有点儿乱，这是我的评价，可是我的爸爸妈妈却不这样说，说这是狗窝。为了迎接这次班会，我特地整理了一下我的小书房，心里感觉特别爽，整理和不整理，那是大不一样。
>
> 故事2：我是一个爱美的小女孩，最喜欢妈妈给我买的鞋子，从我小时候一直到现在，几乎每一年的鞋子都没有扔掉。过去都是妈妈帮我整理，这次是我自己整理，我感到很有成就感，虽然整理的时候累得不行，但是我很快乐。
>
> 故事3：我的书架虽然小，但是我几乎没有整理过，书架上有什么书，我也不清楚。这一次接到老师的任务以后，我就开始整理，我按照年级的高低来整理，这下子找书就非常方便了。不过我在整理的时候发现，我还可以按照题材来分，这样找书也是很方便的。

4. 正向迁移：充分感受整理的策略。

除了整理书包、床铺、书房，想一想，还有哪些方面需要整理，需要优化呢？

（分小组继续讨论：从时间利用、班级管理、作业完成讨论，选择有代表性的观点发言）

观点1：时间需要整理、需要优化。每天每个时间段，每个人都要知道自己应该做什么，而不能碌碌无为，更不能虚度。

追问：如何不虚度？如何提高时间的利用率？

形成结论：①在学习的时候，就用百分百的精力去做；②闲时即是读书时，利用好边缘时间；③提高时间的利用率，同桌相互监督。

观点2：完成作业也需要整理，并不是回去就埋头写作业，而是要思考今天有多少作业，准备多长的时间完成；先完成什么作业，再完成什么作业。

追问：作业先后有没有必要？为什么要给自己规定一个大致的完成作业的

时间？

形成结论：①完成作业要给自己规定一个时间，这样也就有了一个目标；②作业完成的先后顺序也有讲究，每个人的情况不同，可以把最喜欢的作业放在最后。

（老师相机赠送一句名言：喷泉之所以这么美丽，那是因为有压力的缘故）

观点3：班级管理确实有很多事情要去做，既有自己分内的事情，也有自己分外的事情，那么每一件事情都有轻重缓急，所以整理就显得特别重要，会计划、能规划，让我们提高工作效率的同时，还能让我们更加集中精力搞好自己的学习。

追问：工作与学习是不是矛盾？如何处理？

形成观点：①工作分工明确，职责分明。②既要分工，更要合作。③工作要做得好，学习更要棒，这样才更有说服力。

四、人生有规划，步伐更矫健（班会小结）

今天我们组织讨论整理自己的书房、鞋子、书包，还有人谈了作业完成、班级管理、时间管理方面的整理，说明同学们已经有了整理的意识，下一步就要培养整理的习惯，这些都为将来打下了坚实的基础。整理是第一步，人生还需要有近期规划、长远规划，有规划的人生才会更加完美。

10月：法制

3．法在我心中

◎ 江苏省无锡市梅村实验小学　许莉莉

[班会背景]

法律是儿童健康成长的保护神，也是他们必须遵守的行为准则。作为新时代的少年儿童，学生应该增强法律意识，学会用法律武器保护自己的合法权益。然而，在实际生活中，有个别学生存在不文明的交通行为，又或是常常禁不住诱惑购买三无产品，甚至也有家长意识不到自己的不文明、不合法行为对学生造成的不良影响。所以，让学生树立"知法守法，学法用法"的法律意识十分必要，让法永驻心中，伴他们健康成长。

[班会目的]

1．通过班会，让学生了解与自身息息相关的法律法规，并且学习安全知识，增强安全意识，健康成长。

2．通过多种形式使学生巩固"知法守法，学法用法"的法律意识，加强法制教育。

3．通过案例引导学生关注现实生活，激发学生的参与意识，将校内法制教育学习与社会生活实践相结合，提高学生的公民意识和社会责任感。让学生了解并知道如何运用法律武器来保护自己，让法律伴孩子健康成长。

[班会流程]

班会导入

主持人A：法，是我们的行为准则，法治是国富民强的治国方略。自古有云："国，无法则乱；民，无法则贫。"

主持人B：我们是新时代的少年儿童，在家长的关心下，在老师的教导下，在法律的保护下健康成长。在这样的情况下，我们更应该知法、懂法。

第一环节：交通安全法规知多少

主持人A：今天，我们请来了一位新朋友——小灵通。它将和我们一起学习法律知识。大家欢迎！

多媒体：大家好！我是小灵通。今天我为大家带来了几个小案例。让我们一起来听一听吧。

小灵通读报1：名人违法违规新闻一则。

主持人A：听了小灵通的这则案例，大家有什么看法？请大家踊跃发言哦！

生1：法律面前人人平等。

生2：每个人都应该知法、守法。

生3：法律具有普遍约束力。

主持人B：大家评论得真好。其实交通法规和我们每个人的日常生活息息相关。大家对交通法规又了解多少呢？下面，就让我们来赛一赛。

交通法规知识竞赛。（尽量选择一些耳熟能详的、与我们关系密切的法规，如"开车不喝酒、喝酒不开车"，能骑自行车、电动车上路的年龄等）

主持人A：看来大家对交通法规了解得还真多。不知道对其他法律法规又了解多少呢？让我们继续有请小灵通。

第二环节：《中华人民共和国未成年人保护法》护我成长

小灵通读报2：家长暴打孩子新闻一则。

主持人A：听了这则案例，我很难过。一个妈妈，居然能把自己的孩子打得满身是伤。

主持人B：可是，妈妈的出发点也是好的啊，她是希望孩子能认识到自己所犯的错误。

主持人A：嗯,这么说也有道理。那么,少先队员们,你们又是怎么认为的呢?觉得父母应该打孩子的,请举手。觉得父母不应该打孩子的,请举手。下面,就让我们一起来辩一辩。请大家各抒己见。

小小辩论会。正方:父母可以打孩子。反方:父母不可以打孩子。

主持人A：听了大家的看法,我觉得双方都很有道理。

主持人B：父母打我们的出发点多数都是好的,是对我们严格要求,希望我们能成为更加优秀的人。但是,有时候父母采取的方式方法有些过激了,对我们的身体和心灵都造成了一定的伤害。所以,必要时孩子也应该拿起法律武器保护自己。大家知道保护我们未成年人的法律叫什么名字吗?

生1:《中华人民共和国未成年人保护法》。

主持人A：《中华人民共和国未成年人保护法》像一把保护伞,保护着我们每一个少年儿童,保护着我们的权益不受侵犯,是我们幸福成长的坚实后盾。

主持人B：是啊,不仅仅是《中华人民共和国未成年人保护法》,还有《中华人民共和国妇女和儿童权益保障法》《中华人民共和国义务教育法》等,都在为我们的幸福成长保驾护航。我们是祖国的花朵,在法律雨露的滋润下幸福地成长。下面请听歌曲《少年少年,祖国的春天》。

小合唱:《少年少年,祖国的春天》。

第三环节:《中华人民共和国食品安全法》记心间

小灵通读报3:新学期校门口小摊贩被查处的新闻。

主持人A："三无"食品真是害人不浅!对了,你知道"三无"是哪"三无"吗?"三无"食品指无生产日期、无生产厂家、无质量合格证的食品,多数是用有毒、有害、变质或劣质原料制作的,没有保质期,质量一点儿也不可靠。

主持人B：哇,太可怕了。这样的食品谁还敢买来吃啊!

主持人A：别担心。2009年6月1日正式实施、2015年修正的被誉为史上最严的《中华人民共和国食品安全法》就是为了保证食品安全,保障公众身体健康和生命安全而制定的。《中华人民共和国食品安全法》为我们的食品安全提供了保障,我们个人也要树立食品安全意识,培养正确的消费习惯。看完下面的小品,相信你会更加清楚我们到底该买怎样的食品。

请欣赏小品《秋游》。学生秋游时遇到无证小摊贩卖"三无"食品，举报查处。

主持人B：现在我懂了，不仅仅是"三无"食品吃不得，还一定要认准QS企业食品生产许可标志呢。现在是CS标志食品生产许可证编号。

第四环节：说说我们的心愿

主持人A：今天的活动真的让我们获益匪浅。法，正在一步一步走进我心中。请欣赏诗朗诵《法，在我心中》。

诗朗诵：《法，在我心中》。同时，一生现场书法"法伴我成长"。

我曾经久久地注视，注视那本共和国宪法的封面。

谷穗、齿轮、金色的五星，簇拥着国徽下法律的圣洁。

从此，法在我心中威严而又炙热。

我曾经一次次感动，感动法律阳光照耀心灵。

鸟语花香，大地飞歌，文明春风洒满每一个角落。

从此，法在我心中，神圣而又亲切。

我曾经一遍遍阅读，阅读那人生的准则。

路该怎样走，事该怎样做；心该怎样想，话该怎样说。

从此，法在我心中，像严父，又像慈母。

每一个文字都是前行的路标，指点迷津，答疑解惑；

每一个标点都是动听的音符，激情澎湃，抑扬顿挫……

所以，我常常赞美，

赞美法律的公正，赞美社会的和谐。

所以，我常常赞美，

赞美执法者的奉献，赞美守法者的品格。

法在心中，幸福不再搁浅，道路因此宽阔。

斑马线串起平安的音符，路上不再有酒后驾车。

法在心中，心中不再迷茫，眼睛因此清澈。

相互间难免磕磕绊绊，相逢一笑握握手，生活不再苦涩。

法在心中，责任重于泰山，爱心拥抱和谐。

风雨同舟，不离不弃。尊重生命，善待弱者。

和谐平安，法是庄严的使者。

保驾护航，法是神圣的承诺。

普法学法，知法守法，亲爱的小伙伴们，你们准备好了吗？

我们准备好了！扬起风帆，平安起航！

和风细雨大时代，一路风景一路歌……

和风细雨大时代，一路风景一路歌……

主持人B：看，我们班的小书法家也为我们带来了精彩的现场书法。让我们一起看看他写了什么。"法伴我成长"（贴到心愿墙上）。这是我们所有人的心愿。让我们在心愿墙上签上自己的名字，并喊出我们立志成为"学法、知法、守法"小公民的响亮口号。

各小组上台喊出自己小组的法治口号，在心愿墙上贴上写有自己名字的爱心。

班会小结

主持人A：响亮的口号吹响冲锋的号角。争当"学法、知法、守法"小标兵，我们，在路上。

我们是祖国的蓓蕾，法律是我们健康成长的保护神，也是我们必须遵守的行为准则。

主持人B：同学们，法在我们心中，让我们行动起来，时刻准备着，做遵纪守法的好少年！

班主任总结：同学们，首先要祝贺本次班会取得了圆满的成功。你们自己创编、自己导演、自我展示的这次活动，一定会成为你们童年最难忘的一次经历。因为你们不仅收获了法律知识，巩固了"知法、守法、用法"的法治意识，更全方位地锻炼了自己的能力，展示了你们的风采。希望你们在今后的成长中时刻铭记心愿墙上的这句话"法伴我成长"，让法永驻心中，伴你们健康成长。

[班会延伸]

请每位同学活动后读一读法治故事、学一学法治知识，制作成手抄报并进行展示。

10月：法制

4. 网络！网络！

◎ 江苏省扬州市邗江区实验小学　卜恩年

[班会背景]

这是一个经济快速发展的时代，也是一个信息爆炸的时代。天下一张网，只要鼠标轻点，五花八门的信息就会出现在学生的眼前，良莠不齐的信息考验着年少的孩子们。互联网让一些学生沉迷其中，进而荒废学业、逃避现实、畸形生活，甚至走上犯罪的道路，在很大程度上对学校教育形成了一定的干扰，教师为此束手无策。

"明者因时而变，知者随事而制。"习近平总书记在接见全国精神文明建设先进典型时指出，"当前，社会上思想活跃、观念碰撞，互联网等新技术新媒介日新月异，我们要审时度势、因势利导，创新内容和载体，改进方式和方法，使精神文明建设始终充满生机活力"。从总书记的讲话当中，我们不仅需要更新理念，而且还要从中寻找到解决问题的方法和途径。

[班会目的]

1. 通过案例，引导学生充分认识到互联网在生活中的普及与运用，正确认识互联网是走进信息时代的标志。

2. 通过选取互联网的网络游戏这个点，探讨如何杜绝网络游戏成瘾的问题，以及摆脱虚拟世界的操控的正确路径与方法。

3. 通过探讨，明白每一个人都要在"互联网＋"找准自己的位置，文明上网，绿色上网，让网络更为纯洁。

[班会流程]

一、生活里面微变化

1. 谈话导入。

师：过去我们见面打招呼，常问：今天你吃了吗? 这是 20 世纪 60 年代到 20 世纪末的习惯问候语，但 2000 年以后，人们见面常问：今天你上网了吗?

（课件出示）

打招呼：今天你吃了吗?（从 20 世纪 60 年代—20 世纪 90 年代）→今天你上网了吗?（2000 年以后）→问候方式变了。

师：一张小小的网，改变了问候的方式，也在不知不觉地改变着我们的生活，也在影响着人与人之间的交往。

2. 欣赏一句话（课件出示）。

"世界上最远的距离不是天涯海角，而是我站在你面前，你却在玩手机。"

师：这句话被网友们用来调侃手机一族，说是吃饭，一桌人几乎都在玩手机，这是一种很现实的无奈啊!

3. 增加提示语。

各位旅客，进入站台，请注意站台和列车之间的缝隙，不要玩手机。

师：这是一句新增的安全提示语，以前没有，说明了什么? 网络无处不在，我们都在网络中。既然网络无处不在，我们今天就不妨来研究一下网络里面的一个问题。

4. 出示课题：网络! 网络!

二、身边细节微行动

1. 网络微调查。

师：你有 QQ 号码吗? 网名是什么? 这里面有没有故事呢?

（让学生汇报、简要说出自己的小故事）

师：（故作神秘状，激发学生的兴趣）想知道老师的 QQ 号码吗?

2. 网名微比较。

师：同学们的网名与老师的网名有什么不一样的地方?

(引导学生去猜测,激发学生的兴趣)

师:老师的网名很有特点,一是长相,属于最帅系列,这不是老师自恋,这是我的学生给我起的;二是职业,"孩子王"也是老师的别称,是几位老专家送给卜老师的,他们希望卜老师永远做孩子们心目中的孩子王。

3. 资料微分享(有图片)。

(出示)有数据显示,我国网民超过一亿,其中青少年网民占80%,青少年上网多以玩游戏和聊天为主,我国网络成瘾的青少年超过250万,14岁~24岁是网瘾的高发时期。

师:读完这个资料,你想说些什么呢?

(预设答案1:网瘾对青少年的危害真大)

(预设答案2:我们要通过数字看到网瘾的危害)

4. 数据微调查。

师:今天我们在座的有×位同学,我们做一个小调查,只要同学做手势。

(注意保护学生的隐私,教会学生表达的方式。老师只要看到学生表态之后即可,只需要大概了解一下班级的情况)

①是否在家经常上网? A. 是 B. 不是

②上网大概是多长时间?(用手势表示)

③上网的内容。 A. 新闻 B. 电影 C. 游戏 D. 其他

④喜欢网络游戏吗? A. 喜欢 B. 不喜欢

师:感谢同学们的配合。

5. 真实告诉你(老师讲述)。

师:其实在上课之前,我也委托一位老师做了一个调查,这是我们可以看到的数据。(课件出示)

上网目的
游戏:男生(40%);女生(12%)
聊天交友:男生(28.7%);女生(44%)
查资料:男生(17%);女生(22%)
其他:男生(14.3%);女生(22%)

6. 老师的发现。

师：通过这些数据，老师有了如下的发现。（课件逐条出示）

> 基本都会上网
> 主要目的是游戏和交友聊天
> 上网时间一般选择在双休日、放学回到家后
> 但有个别学生已有轻微的网瘾
> 85%的学生感觉到开心、舒畅、爽、刺激

师：既然有这么多的人喜爱网络，沉迷网络游戏，那么我们不妨利用今天的班会来做一个小研究。

三、走进游戏微研究

1. 游戏的广告效应。

师：游戏为什么有这么大的吸引力？我们一起来探寻游戏的招牌动作。

（课件出示）

①过关升级；②英雄情结；③神奇传奇；④名人效应

师：这样的途径、手段，就是让每一个人都沉迷其中。

2. 游戏的真实目的。

师：游戏的设计者进行了大量的心理研究、分析，那么这样的投入、这样的研发，真正的目的又是什么呢？

（预设答案1：游戏因为好玩，又有升级，所以很吸引人）

（预设答案2：游戏设计者真正的目的只有一个——赚钱）

（预设答案3：游戏设计者就是让每一个人都沉迷于其中）

3. 联系自己谈游戏。

师：了解实情以后，面对自己，想跟自己说些什么呢？

（预设答案1：我要控制上网时间，不能被网络控制）

（预设答案2：我今后要少玩点儿游戏，腾出时间来读书）

4．针对他人说游戏。

师：了解实情以后，面对他人，你又想说些什么呢？

（预设答案1：游戏是害人的，既浪费时间又浪费金钱，更会消磨意志）

（预设答案2：可以用其他方式代替上网）

师：通过分析，我们知道了网络为什么具有那么大的诱惑力，我们对自己、对别人说起来容易，但在生活当中呢？我们一起走进体验的环节。

四、走进游戏亲体验

1．演一演。（邀请学生、老师参与演出）（给学生2分钟的时间准备）

（1）面对家长不赞同上网，你怎么办？

（2）好友邀请你去玩游戏，你怎么办？

（3）某同学上网被老师知道了，老师该怎么教育？

师：这个环节，我不需要看到如何精彩的演绎，不知道同学们注意了没有，家长、好友、老师，面对这些问题的时候，是多么的无助和无奈，如果我们换位思考一下，就会更加理解家长和老师的苦口婆心了。

2．说一说。

师：其实我们的老祖宗在造字的时候，就有预见性，我们不妨来看一看这个字，在你的心中、眼中，又该如何来解读呢？

说文解字：瘾。（课件出示）

（预设答案：这是一个病，是隐藏的、隐蔽的，是隐性的，是不知不觉的）

师：说得真棒！我们说得很轻巧，但是却有人深陷其中，直到某一天，才悔悟，世界上有后悔药吗？

3．读一读。（配背景音乐《天亮了》）

《天堂来信》（找一个学生来读一读，全班同学品味其中的意思）

4．写一写。

师：教育一个人，可以说教，可以灌输，其实还可以利用小儿歌来阐述不能沉迷网络，要从虚拟的世界里面挣脱出来。这是我在武汉上课时，两位老师赠送给我的小儿歌。

(1) 小儿歌欣赏。

网络游戏真有趣，
虚拟世界不是家。
快快回到现实中，
陪伴爸爸和妈妈。

——王再芳

网络游戏我有话，
有人有物有竞技。
如果天天把它迷，
迟早毁了你自己。

——赵霁

(2) 小试牛刀。

师：同学们是否敢和老师比一下？请拿出纸和笔，写出自己心中的话。

(3分钟写好小儿歌；2分钟组织学生交流)

5. 议一议。

师：面对网络，老师带给大家一些简单的秘籍，大家一起来读一读吧！

移花接木——替代法

视而不见——镇定法

转身而去——远离法

五、教师小结

师：这节课，我们从认识网络、走进网络、研究网络、分析网络等方面了解了网络，为什么要下这么大的力气，因为网络无处不在。生活中处处离不开它，这是一把双刃剑，既需要定力，也需要智慧，千万不要成为网络的俘虏。老师最后送大家几个词：

学会分辨——（前提）

学会自控——（关键）

找准定位——（保证）

六、课后延伸

1. 制作一条宣传标语：文明上网、绿色上网、远离网络、拒绝游戏。
2. 创作一幅漫画，宣传"互联网+"。

11月：低碳

5. 低碳生活，从我做起

◎ 江苏省无锡市泰伯实验学校　钱勤

[班会背景]

世界环境污染日益严重，这已经深深地影响到了人们的生产和生活。如何降低碳排放成为人们关注的话题。对于小学生来说，如何从自身做起，从日常生活的点滴做起，从小事做起，做"低碳生活"的践行者，是培养孩子们关心世界、关心他人的迫切需要。于是，我们决定以"低碳生活，从我做起"为活动主题，开展一次班会教育活动。

[班会目的]

1. 引导学生了解"低碳生活"的含义，宣传低碳节能的重要性。

2. 通过活动，让学生懂得在生活中节约电、水、气的方式，从点滴做起。

3. 教育学生自觉关心国家乃至世界的环境问题。

[班会流程]

班会导入：播放视频《地球，你好吗?》

师：（播放完毕）你们说现在的地球还好吗？

生：不好，很让人担忧。

师：地球存在什么问题？

生：全球变暖、能源短缺、工业废气、淡水资源危机……

教师引导：针对这些问题，有人提出了"低碳生活"新理念。什么是低碳生活？

又怎样践行低碳生活理念呢？今天，我们就通过这节班会课来一起学习了解。

第一环节：何谓"低碳生活"？

学生讲解1：（出示幻灯片，讲解）低碳指较低（更低）的温室气体（二氧化碳为主）排放，是低能量、低消耗的生活方式。举一个例子，如少开私家车、多坐公交车、骑自行车或条件允许的话以步代车。因为我们知道，汽车要燃烧汽油，而汽油从石油中提炼出来，燃烧石油产生大量的二氧化碳，二氧化碳排放到空气中，产生了温室效应，使气候变暖。

学生讲解2：二氧化碳有什么特性呢？（出示幻灯片，讲解）二氧化碳吸热，它把从太阳吸收来的热量反射到地球上。但是，它又有隔热的特性，它像一层厚厚的玻璃或塑料膜阻挡地表的热量发散到外层空间，所以，气温升高，气候变暖。

学生讲解3：为什么现在空气中二氧化碳的含量空前增多呢？（出示幻灯片，讲解）工业革命后，人类进入工业化时代，人类的发展消耗了大量含碳的煤炭、石油、天然气等不可再生资源。同时，由于人类的乱砍滥伐行为，导致释放氧气、吸收二氧化碳的森林面积急剧减少。所有这一切，使得空气中二氧化碳含量增多。

学生讲解4：低碳生活指的是生活作息时所耗用能量要减少，从而减低碳特别是二氧化碳的排放。简单理解，低碳生活就是返璞归真地去进行人与自然的活动，主要是从节电、节气和回收三个环节来改变生活细节。

第二环节：如何践行"低碳生活"？

1. 检讨以往。

教师引导：你或周围的同学在现实生活中有哪些行为违背了"绿色低碳生活"这一理念呢？（小组讨论、交流、分享）

生1：没人的时候，教室里或家里都开着灯。

生2：我家经常让电器处于待机状态。

生3：我们外出用餐时，经常会使用一次性的餐具。

生4：我暑假在家里会将空调温度开得很低。

生5：有的同学洗手后常常忘记关紧水龙头。

……

2．"低碳生活"小窍门。

教师引导：其实，"低碳"就在我们身边。下面，谁来给大家介绍一下我们在"低碳生活"中的一些小窍门？

学生讲解5：（出示幻灯片）

(1) 每天的淘米水可以用来洗手、擦家具，干净卫生，自然滋润；

(2) 将废旧报纸铺垫在衣橱的底层，可以吸潮，还能吸收衣柜中的异味；

(3) 用过的面膜纸不要扔掉，用它来擦首饰、擦家具的表面或者擦皮带，不仅擦得亮还能留下面膜纸的香气；

(4) 喝过的茶叶渣，把它晒干，做个茶叶枕头，既舒适又能帮助改善睡眠；

(5) 出门购物，自己带环保袋；

(6) 出门自带喝水杯，减少使用一次性杯子；

(7) 多用永久性的筷子、饭盒，尽量避免使用一次性的餐具；

(8) 尽量不使用空调，热时可用电扇或扇子。

3．"低碳生活"我践行。

教师引导：节能环保，绿色低碳，从你我做起。我们小学生又能做些什么呢？

生1：我要养成随手关灯、关开关、拔插头的好习惯。

生2：我会尽量少使用一次性牙刷、一次性塑料袋、一次性水杯，因为制造它们所使用的石油是不可再生的。

生3：我会尽量少看电视，多看书，这样既可节电，又可以增长知识。

生4：以后我喝完奶的牛奶盒不会扔了，因为修剪一下，就可以用来当笔筒或做成易破棋盘的垫纸。

生5：我会把家里用剩的小块肥皂香皂，收集起来装在不穿的小丝袜中，接着使用。

生6：我以后出门会乘坐公共汽车或步行，这样既健身又环保，还可以省去健身的费用。

……

师：是啊，同学们，让我们从身边做起，爱护环境，保护自然，拯救地球，还人类一个绿色世界！

第三环节:"低碳生活"我倡议

教师引导:大家说得非常好,就让我们一起行动起来,保护地球,爱护我们的家园。让我们一起来写一份倡议书吧。

(学生分组完成低碳生活的倡议书)

低碳生活,我倡议:

(1)在生活方面:节约一滴水、一粒米、一张纸、一度电、一分钱,少用或不用一次性筷子、一次性水杯、一次性塑料袋。

(2)在着装方面:不穿野生动物毛皮制作的服装,购买棉质衣服,少买或不买化纤产品。

(3)在用餐方面:多吃素,少吃荤。(少吃荤的结果是减少家禽家畜的饲养量,从而降低二氧化碳排放)

……

第四环节:教师总结

同学们,今天我们了解了什么是低碳生活,我们也懂得了应该怎样做才能节水、节电、回收和利用。低碳生活是一种态度,一种生活习惯,是一种自然而然去节约身边各种资源的习惯,只要你愿意主动去约束自己,改善自己的生活习惯,你就可以加入进来。希望我们每个人从生活中的点滴做起,为保护我们的地球做出自己的贡献。

11月：低碳

6. 呼唤明天的绿色

◎ 江苏省无锡市梅村实验小学　华玥

[班会背景]

2018年3月12日是我国第40个植树节，也是开展全民义务植树运动36周年。在植树节来临之际，为继承孙中山先生绿化祖国的遗愿，让学生更加关注绿化、关注环保，唤起学生植树造林、绿化环境、美化生活的意识，我决定开展本次班会活动，意在使学生明白植树造林的意义，激发学生爱林、造林的感情，提高学生对森林功用的认识，认识"绿水青山就是金山银山"的道理，从而保护人类赖以生存的生态环境。

[班会目的]

1. 了解环境保护的重要性，建立基本的环保意识。

2. 明白植树造林的重要性，树立绿色环保的意识，培养学生养成爱护环境的好习惯。

3. 通过开展系列活动，号召学生争当"环保小卫士"。

[班会流程]

班会导入

大自然是我们生死相依的朋友，绿色地球是人类的共同家园。几千年的古代人类文明进程没有牺牲地球的绿色，但是三百年的现代文明却使我们绿色的地球日渐披黄蒙黑黯然失色。同学们，为了我们自己，为了美好明天，为了绿色地球，作为社会主义事业的建设者和接班人，我们有义务、有责任保护好地球，而且必须立即行动起来，制止污染和不环保的行为，共同美化我们赖以生存的空间！

第一环节：地球在受伤

主持人甲：同学们，你们知道吗？4月22日是世界地球日，6月5日是世界环境日。在我们国家，3月12日还是植树节。这些节日都是为保护地球而设立的。之所以设立众多与环保有关的节日，就是因为我们现在生活的地球正在遭受人为的肆意破坏，我们赖以生存的家园正在遭受前所未有的威胁。第一小队队员要用一首歌来表达他们的心声，请欣赏小合唱《热爱地球妈妈》，大家掌声欢迎。

（第一小队合唱《热爱地球妈妈》）

主持人乙：是的，地球是我们的妈妈，我们都要爱护她。透过歌声，我仿佛看到了地球妈妈疲惫不堪难过的模样。

主持人甲：其实，地球正在经历的远不止这些。让我们先通过一段视频了解当下的环境现状，请大家观看大屏幕。（播放视频）

主持人乙：看着视频中的一张张图片和一个个数据，我想问问在座的同学们，你的心情如何？对此有什么看法？

生1：看完这个视频，我感到非常难过，觉得我们人类不应当这样破坏地球。

生2：视频中有人乱砍滥伐，有工厂向蓝天排放废气，这些都对环境有着非常严重的影响，我想谴责这些人。

生3：其实，除了视频中的一些错误行为，在我们班级也经常见到一些同学乱扔纸屑、吃完零食的包装随手扔掉，这些都是不对的。

生4：就像刚刚的歌中所唱的，我们只有一个地球，我们应当保护好环境，保护好我们的地球。

主持人甲：嗯，看完视频之后，我的心情和大家一样，久久不能平静。可是，我们的地球以前并不是这样的。大约200万年前，当人类在地球上诞生时，这颗行星为人类提供了充足的生存条件——陆地、海洋、森林和空气。当时，地球被一层薄薄的淡蓝色大气所包围，晶莹透亮，如世外桃源般美丽。下面让我们跟随第二小队的脚步来感受地球曾经的美丽。大家欢迎！

朗诵：《我们的地球》（朗诵过程中配轻音乐）

（女领）在无垠的宇宙中有个星球叫地球。那里原本有蔚蓝的大海，欢快的小溪，五色的花朵，绿色的小草，还有善良可爱的小动物们。

（男领）可现在我们发现，地球笼罩着一层越来越厚的灰色的东西，像纱、像雾，朦朦胧胧的，这颗美丽晶莹的蓝色宝石显得十分暗淡了。

（全体）海面不再一片蔚蓝，河流发出阵阵恶臭，花草上覆盖着厚厚的灰尘，森林也失去了生机。我们的心变得沉重、沉重、沉重！

茫茫宇宙中回荡着一个声音：（女全）救救地球！（男全）救救地球！（全体）救救地球！

（女领）地球只有一个。

（男领）地球只有一个。

（男女领）我们该为她做些什么？

（女全）在太阳和大地之间，我们放飞美的希望；

（男全）在南极和北极之间，我们栽下爱的花朵。

（全体）让大地淌过蓝色的河流，让天空飘过洁白的云朵，让沙漠穿上五彩的衣裳，让风儿吟唱绿色的欢歌。

（女领）给每一只小鸟清新的空气，给每一条鱼儿洁净的水波。

（男领）给每一只熊猫嫩绿的竹林，给每一颗种子肥沃的土壤。

（女全）在今天和明天之间，我们放飞和平的白鸽；

（男全）在雪山和荒漠之间，我们开辟友谊的长河。

第二环节：我们在行动

主持人乙：是啊，地球需要鲜花和绿树。所以今年3月10日，老师带领我们去湿地公园栽下了一棵棵小树，让它和我们一起成长。下面让我们一起来看一组来自现场的图片吧！

（播放当时现场拍摄的热火朝天植树的照片）

看完照片，我想请参加植树的同学来给大家谈谈当天植树的感受。

生1：上周五，我代表我们班去了湿地公园，那天天气很好，我们到了之后，老师就开始分队，然后发放植树所用的工具，大家挖坑浇水，井然有序，都做得非常认真。

生2：那天，还有一些家长和志愿者和我们一起植树，开始我们只是觉得土地很硬，挖起来很辛苦，但到最后，当看到一棵棵小树竖立在那里时，所有的辛苦顿时烟消云散了。

……

主持人甲：嗯，的确是这样，我那天也有幸代表我们班跟随班主任老师一起去植树。当我亲手将小树苗栽进坑里的那一刻，感受到的不仅仅是劳动的快乐，更多的是自己为环保出份力的喜悦！这次植树活动可不就是对环保理念的最好诠释嘛！

还有，听班主任老师说这是每个人的义务。我想问问在座的同学们，你们觉得这种说法正确吗？

生3：我知道,这种说法是正确的。因为《中华人民共和国森林法》明确规定：植树造林，保护森林是公民应尽的义务。而且各级人民政府对在这一活动中做出突出贡献的人还要予以表彰奖励呢。植树造林，利国利民。我们少年儿童本来就应当自觉地、积极地参加这项活动。

生4：植树的确是每个公民的义务。只有植树造林，才能保护好地球；只有保护好地球，我们才能拥有良好的生存环境，这才是环保的意义所在。但我们能为环保做的远不止这些。

主持人乙：哦？还有哪些呢？

生5：比如最近我们在举行的"我与绿植共成长"活动，同学们亲手培育的绿植也是在为大自然增添一抹绿意啊，这也是在为环保做贡献！你说是不是？

主持人甲：那倒也是，原来我们能为环保做的有这么多呀！

主持人乙：其实，环保离我们并不远，而且与我们的生活息息相关。一个不经意间的不文明行为，可能就是在给环保事业拖后腿。

主持人甲：快说来听听，都有哪些行为呢？

主持人乙：先别急，第三小队的队员们将会给你答案。

下面请欣赏第三小队为大家带来的快板《今天我来说环保》，大家欢迎。(鼓掌)

(环保快板《今天我来说环保》)

朋友们，大家好，今天我来说环保。污染指数节节高，地球妈妈要控告。

（齐）啊？地球妈妈要控告什么呀？

塑料袋，满天飞，市容面貌在抹黑。一次性，竹木筷，城市污染真厉害。旧电池，乱扔掉，环境污染少不了。扔垃圾，吐口痰，丑陋行为不应当。水源断，河流脏，百姓生活遭了殃。污水多，垃圾多，海洋生物无处躲。车废气，冒黑烟，城市空气不新鲜。臭氧层，有破洞，人类生命在断送。环境差，空气脏，地球穿上破衣裳。气温高，冰川融，动物植物在减少，地球快要不行了。

（齐）这可怎么办？

嗨……要环保！要环保！地球生物都是宝，爱护环境要做好。节约能源是法宝，人人参与不能少。不能少。

主持人甲：感谢第三小队的精彩表演。的确，地球的危机，就是人类自身的危机。如果我们对保护地球、保护环境仍然不重视，那么，历史将不会原谅我们，地球也将给予我们更严厉的惩罚。保护环境已经提出了很多年，但对于保护环境，大家究竟知道多少呢？下面我将会以问题的形式来考考大家。

队员们，你们准备好了吗？（准备好了）

(1) 第一小队请听题：造成土地资源丧失和破坏的主要原因是什么？

(2) 第二小队请听题：植物呼吸时吐出什么物质会让我们身体感到舒服？

(3) 第三小队请听题：森林有哪些作用？（至少说出4种作用）

(4) 第四小队请听题：我国的森林覆盖率为多少？

主持人乙：必答环节结束，各小队都顺利得到了10分，接下来是紧张激烈的抢答环节，听主持人读完题目。待他说完"开始抢答"，哪一小队的队员最先举起手来，就得到抢答的机会。提前举手算作犯规，取消该小队该题回答资格。

抢答题如下：

1. 我国现有森林面积居世界第几位？

2. 森林覆盖率居全国之首的是哪一个省？

3. 世界上森林覆盖率最高的国家是哪一个？

4. 世界环境日为每年的哪一天？

5. 拥有天生的"捕鼠能手"称号的鸟和享有"森林医生"美称的鸟分别是什么？

6. 全国免费的环境问题举报电话是什么？

7. 为保护蓝天，我们在近距离出门时，应该选择什么样的方式？

8. 减少白色污染，我们应该怎么做？

9. 一节1号电池能使一平方米的土地永远失去利用价值，一粒扣式电池可污染多少立方米的水？

10. 因空气污染引起的酸性降水被称为什么？

主持人甲：环保知识竞答结束，让我们来看看大家的智慧果实！第一小队：××分；第二小队：××分；第三小队：××分；第四小队：××分。恭喜第×小队夺得了本次环保知识竞答的冠军，让我们以热烈的掌声向他们表示祝贺。

主持人乙：紧张的环保知识竞答暂时告一段落，下面让我们放松放松，一起欣赏小军、青红为大家带来的相声《说环保》。掌声欢迎！

（小军和青红表演相声）

主持人甲：啧！真没想到我们班还藏着两位相声大师啊！

主持人乙：那当然，我们班一直都是藏龙卧虎、人才辈出！其实，只要我们人人加入到环保的队伍中来，从身边的小事做起，从现在做起，绿色的世界将不会离我们太远。第四小队已经刮起了呼唤绿色的地球之风，他们开始用实际行动在呼唤地球的绿色了！

主持人甲：哦？他们在哪里？

主持人乙：别急呀！瞧！他们来了！

（第四小队表演小品）

主持人甲：看完了第四小队精彩的小品，我想问问大家，你如何看待小品中人物的行为呢？

生1：我觉得小品中的宁宁和爷爷做得很好，家里的垃圾都分类摆放。

主持人甲：好的，请坐。还有人说吗？

生2：我觉得小品中宁宁和李老汉的行为都是正面的，而沈总乱扔垃圾的行为是不文明、不环保的。

主持人甲：嗯，所以小品中沈总因为不环保行为，受到了宁宁和李老汉的指责。

生3：其实沈总的行为在我们的生活中也经常能够见到，我们校园里之所以会存在垃圾，也就是因为一些同学和沈总一样没有养成爱护环境的良好习惯。

主持人甲：是啊，只要人人都能做到不随手丢垃圾，我们的校园一定会更加干净、美丽。

主持人乙：大家说得真好！其实环保就在我们身边，不经意间丢掉的纸团、随地吐痰等行为都是与环保背道而驰的。要知道，我们提倡的环保是需要实际行动的。唯有这样，地球的绿色才会越来越多。

主持人甲：说得对，我们第四小队的女生就是用实际行动在呼吁大家呢！她们将自己的巧手发挥到极致，将环保从口号变成了现实。

主持人乙：哦？快说说，他们是怎样将理论变成现实的？

主持人甲：不要急，请看！

（环保服装T台秀表演）

主持人甲：小乙，有没有被惊到？我看你都目瞪口呆了，哈哈。

主持人乙：万万没想到，我们班平时埋头用功读书的女生们竟然还有这本领！真是不鸣则已，一鸣惊人啊！

主持人甲：当然，巾帼不让须眉嘛！四个小队都在用实际行动践行环保理念，不再让"环保"成为一句"口号"。让我们从身边一点一滴的小事做起，为环保事业做贡献。只要大家能够坚持，绿色的世界终会离我们越来越近。下面请欣赏全体队员为大家带来的朗诵《给未来一片绿色》。

轻轻地打开地球画册，

山山水水都在问我：

小朋友，跨世纪的小朋友，

你想给未来的地球留下什么？

是留下一棵树，

还是留下一朵花？

是留下一个生命的春天，

还是留下一片永恒的绿沟？

啊，你说，我说，他说：

给未来留下一个更美的地球，

和一首绿色和平的歌！

森林的早晨多美好！

森林的早晨多美好！

踏着晨露，拨开杂草，穿过林间小道，

少先队旗飞入森林，森林的早晨多美好！

你看大树的枝叶多茂密，

灌木丛比我们的个子还高。

这儿有大蘑菇和酸甜的野枣，

那儿百合花朝着我们微笑。

你看黄莺在愉快地歌唱，

小松鼠在树枝上蹦跳。

还有那怕羞的小兔儿，

看见我们转身就跑。

深情地挥动七彩画笔，

蓝天大海都会欢迎我，

小天使，大自然的小天使，

你想给未来的世界画些什么？

是画出青山常青，

还是画出绿遍沙漠？

是画出常开不败的花季，

还是画出永不消失的春色？

啊，有你，有他，有我，

给世界画出一个更美的未来，

和一首爱护地球的歌！

我们唱起少先队员的歌儿。

森林回答我们同样的声调：

"我们是大地的主人，

森林的早晨多美好！"

主持人乙：本次班会展示即将结束，作为新时代的少年，我们是祖国的未来和希望，让我们乘上环保之舟，扬起环保之帆，努力驶向美丽家园的彼岸。

主持人甲：让我们从身边的小事做起，从自我做起，让环保与我们同行！让环保意识永驻你我心中！

主持人乙：让我们庄严宣誓："我们决不随意践踏、伤害一草一木。我们要行动起来，保护森林，保护环境。"（配轻音乐《我们的田野》）

主持人甲：我们呼唤地球的绿色，让我们的地球永远美丽！

班会小结

师：同学们，祝贺你们将班会开展得如此成功，你们活动的积极性高，参与面广。通过这次班会，大家进一步认识到了保护环境的重要性。保护环境人人有责，关键是要落到实处，愿同学们从小树立环境保护意识，从身边的小事做起，让环保永远与你相随，让幸福快乐永远与你相伴！谢谢！

[班会延伸]

1. 将班级同学分成若干环保小队，利用假期进社区宣传环保知识。

2. 栽种绿植，美化校园、小区。

[班会反思]

本次班会活动只设计2个环节：地球在受伤、我们在行动。活动全部以学生为主体，学生自己搜集照片、视频资料；学生自己排练关于环保的节目，在活动中不仅让自己受到教育,也通过展示让他人受到教育。通过本次主题班会活动,同学们深深地体会到人类只有保护好生态环境,爱护花草树木,才能有幸福美好的生活。活动中,同学们不仅获得了知识,更树立了"爱绿、护绿"的责任心。

12月：青春

7. 男神女神对对碰

◎ 江苏省扬州市开发区振兴学校　张超

[班会背景]

13岁，是一个敏感的年龄，是蜕去稚嫩走向成熟的起点。青春，是一个耀眼的字眼，是如锦年华中最好的一段。怎样面对由成长所带来的困惑和迷惘？蝉蜕皮前的那一夜是痛苦夹杂着喜悦的。在做好远航的准备之前，必须为青春指航：让青春不迷茫，让成长有方向。很快就将升入毕业班学习的孩子们，在成熟与稚嫩之间徘徊，在理想与价值的确立上，非常需要师长的指导。有所追求的青春注定不会空虚，哪怕那种追求不能最终成为现实。能在今后回味的，或许不是哪一次成功的结局，而是一段奋斗的过程。

[班会目的]

1. 通过组织开展对青春期话题的讨论，使学生认识健康成长的重要性。

2. 引导多方位全角度看待青春、认识成长，进行心理疏导，从而树立正确的人生观、价值观。

[班会流程]

一、谈话导入

1. 前不久，邻居家的女孩问我：谁是你的男神？我听了一怔：男神，男性神仙吗？孙悟空？还是二郎神？这个和你们差不多大的小姑娘告诉我：女神、男神，是当下热门词儿，就是受欢迎的男孩子、女孩子。我顿时汗颜：看来我得跟上青春的步伐了!

2．今天，咱们就聊聊男神、女神的话题。

二、活动一：谁是男神、女神

1．首先，我也把问题抛给大家：谁是你心目中的男神、女神呢？

通过邻居女孩，我了解了不少当下深受青少年喜欢的人物。老师把他们都请来了，有的颜值高，有的本领大，看来同学们眼光都不错!

2．在这些男神、女神身上有哪个品质是让你最佩服的？（学生讨论）

3．同学们都有自己的主见，那么真正的男神、女神应具备哪些品质呢？

前不久，我们在全校老师和五六年级学生中进行了微调查，请看视频回放，最后将数据汇总、统计，咱们一起来看看：请微调查小组的组长来做数据分析。

4．对照一下，看看你符合其中哪一点，就是百分之几的男神、女神。是男神、女神的请自信地亮出自己。（做手势）

5．你是百分之多少的男神？你呢？原来咱们班的女孩儿、男孩儿都是男神、女神呢，有的还是百分百呢！给自己点个赞吧。

三、活动二：如何交往

（一）不知不觉中，我们长大了，不再像以前那样不分性别、打成一片。进入青春期的男神、女神们，相互之间有了距离感。咱们就来说说自己在交往中的困惑吧！

老师也看在眼里：

1．需要帮助时，互相不敢请求，怕惹闲话。

2．常常互相语言攻击，看不顺眼。

3．小组合作学习时，总是自然而然地以性别分类。

4．因为多聊了几次天，就被别人笑话了。

正常的男女同学之间的交往，不仅有利于增进了解，丰富情感体验，扩大交往范围，实现性格差异的互补，使集体更加团结，使个人的优势得到展示，还可以消除不同性别之间的神秘感，培养健康的心理。那么我们该怎样交往呢？老师给大家带来了4幅漫画，请大家边看边思考。

(二) 观看四幅漫画，想一想。

1. 漫画描述了男女生交往中的怎样的场景？

2. 漫画中的方式哪些是恰当的？（场面很融洽，体现了团结互助的精神）

哪些是不恰当的？（过分亲昵，格外粗暴）

由漫画联系生活，在我们的交往中，不恰当的方式有哪些呢？过分粗暴，过分亲昵；过分拘谨，过分冷淡。

那么，哪些交往方式是恰当的呢？如果能做到自然大方不拘谨，保持距离有尺度，就再好不过啦！

(三) 制定法则

有一首歌大家一定熟悉，会唱的一起嗨！这首歌叫《青春修炼手册》，男神、女神在交往中也应该遵守一定的规则。现在，我们分小组讨论，一起来制定《青春修炼手册之交往篇》。一起来交流一下：

1. 自然大方地进行交往，建立纯洁的友谊。

2. 要学会尊重对方。包括尊重对方的人格,尊重对方的意愿,不随意干扰别人。

3. 学会自重自爱，爱护自己的尊严和名誉，珍惜自己的人格和人品，并且懂得保护自己。

大家群策群力制定的交往手册一定是最适合我们的，从制定到执行，需要我们主动遵守、相互提醒。相信，咱们班这些既有品质，又有手册的男神、女神们会更有魅力，更加出色。

怎么样，有兴趣的话，我们可以伴着旋律唱出来。

四、活动三：把握情感

学会了如何交往，又该怎样把握情感呢？

(一) 一位叫玲玲的同学有了属于青春的烦恼，想请我们帮她出出主意。

他们的感情可以进一步发展吗？请每位同学任意选择一个话题，进入相应的小组，展开讨论。说说自己的看法。相信玲玲听了一定能明辨是非的。

那么，玲玲该怎么办呢？哪种做法合适？

既保护对方的尊严，又表明了态度，一举两得，真是非常好的选择。我赞同大家的选择！

（二）小红同学也有自己的烦恼，咱们来看。

你想对小红说什么？在和异性交往时，应注意保持平常心，异性的相互吸引是正常的现象，只要不把注意力过分地放在一两位异性同学身上，与全体同学自然、顺畅、正常地交往，把视线重点放在相互间的取长补短、你争我赶上。

五、活动四：欣赏诗歌

男女生朗诵《偶然》。

你我相逢在黑夜的海上，我们却有自己的方向。方向不同，最后只剩下对彼此的眷恋，然后淡忘于茫茫的人海……这不就是美好的遗憾吗？

六、活动五：快问快答

有请主考官安琪给大家出题。

快问快答：

1. 青春的少男少女之间有真正的友谊吗？

A．有，心地无邪天地宽。

B．可能有，要视具体对象而言。

C．没有。

2．当你与异性同学的正常交往遭到同学的嘲笑时，你会以什么态度对待？

A．毫无感觉。

B．有察觉，但自信君子坦荡荡，无所谓。

C．有察觉，没办法，用"走自己的路，让别人去说吧"来安慰自己。

D．感觉灵敏，心中委屈，再也不相信同学、班级。

3．当你看到异性同学之间正常交往时，你会以什么态度对待？

A．正常，毫无感觉。

B．心存疑问，为什么他们能相处得这么好？

C．有感觉，但事不关己，与我何干？

D．故意宣扬，唯恐天下人不知。

E．故意大肆宣扬，唯恐天下不乱。

当与某位异性同学在正常交往时，心中有了一些情感上的微妙的变化，你会如何处理？

A．与之断绝一切交往。

B．泛泛而交，保持一定的距离，并将注意力转移，在学习上多投入。

C．听之任之，走一步看一步，没啥打算。

D．任之泛滥，躲开家长和老师的目光去交往。

E．找朋友一次次地诉说，将自己的时间精力均纠缠于此。

F．告诉值得信赖的过来人，寻求心理上的疏导。

师点评：

1．心地无邪天地宽。这种精神境界是值得同学们学习和借鉴的。

2．君子坦荡荡。面对善意的玩笑，一笑了之；面对恶意的玩笑，可以当面质问。记住，解决问题靠智慧，不是靠力气和嗓门。

3．身正不怕影子歪。

4．告诉值得信赖的过来人，寻求心理上的疏导。

愿大家平稳度过人生第一大转折期。

七、总结谈话

同学们，喜欢吃苹果吗？好吃吗？今天呀，老师请大家吃苹果，尝尝看，什么滋味？为什么老师请大家品尝的苹果是又酸又涩的呢？我们扬州家喻户晓的《今日生活》节目的片头曲中有这样一句话，送给大家：生活就像品桂圆，树上的青果不要馋，吃到嘴里酸又涩，秋天熟了自然甜。

相信男神、女神们会在人生最恰当的时候，品尝到最甜美的果实。给自己的人生路加油鼓劲！

教师小结

青春是美丽的。美不只是漂亮的脸蛋，苗条的身材，也不能用高矮胖瘦来衡量。人类越来越崇尚心灵美和气质美。想成为新时代的女同学，要具有坚毅、端庄、细腻、温柔的品格，具有阴柔之美。想成为真正的男子汉，要培养刚强、勇敢、果断、大度的气质，具有阳刚之美。过分的修饰和依靠化妆品，将有损于人的自然美和健康美，失去青春的活力和光彩。站在青春的起点，或许头脑里仍旧一片懵懂与无知，不知青春为何，或许还只是身体发育而心智停留在十分稚嫩的儿童阶段。通过一次以青春为主题的教育活动，你们要更好地认识青春，理解成长，树立理想，勇于追求。年华似水流，让青春的奋斗为人生打下最鲜亮的底色，让未来在青春里放飞。处于学习新知的大好时光，谁若是辜负了青春，谁就将被成长远远地甩在后面。在这个特殊的年龄段，思想的疏导十分重要。引导走向青春的学生们在心灵里认定成长的美好，在经历中投入最火热的激情，在价值观上认同通过奋斗来实现自我。

12月：青春

8. 辅导班，想说爱你不容易

◎ 江苏省扬州市邗江区实验小学　卜恩年

[班会背景]

一句不要让孩子输在起跑线上的话，成为很多家长为孩子报名参加各种兴趣班的理由。于是一到周末，很多孩子都比上学期间还要忙碌，最多的一个孩子居然在周末报了6个培训班。然而越来越感觉到，班里的学生厌学情绪在滋生与蔓延，与家长对立、顶牛的不在少数。问题似乎越来越严重。有必要和孩子们谈谈课外的那些事了。

[班会目的]

1. 明白今天的努力，是为了明天有更加美好的人生这一个朴素的道理，从而为合理安排课余生活打下基础。

2. 通过班会，换位思考，学会沟通，理解家长的良苦用心，从而在最大利益的情况下取得一致的观念和行动。

[班会流程]

一、班会导入

今天我们这一节班会，稍许有点儿特别，我们还邀请来了部分家长，首先让我们用掌声欢迎参加班会的各位家长。

(参加班会的家长坐在教室的后面)

今天我们聊的这一个主题是：课外。首先大家认为课外应该是个什么样子的?

是不是就是上辅导班？除了上辅导班，我们还可以做什么？请各小组代言人发言。（分成小组讨论，形成小组统一意见反馈）

1. 我为小组代言。

小组1：我们小组对于上辅导班持反对意见。周末，本应该是休息的时候，却逼着我们去上辅导班，一周下来累不累？大人们还要休息呢，何况是我们小孩？

小组2：我们小组认为辅导班是可以上的，但是不能上那么多，要考虑我们自己的兴趣和爱好，不是跟着别人走。

小组3：现在外面的辅导班很多，也就是老师所说的鱼龙混杂，所以我们觉得首先要选择一个适合自己的辅导班。

2. 采访家长露心声。

各位家长，不知道你们听了孩子们的发言，心里有什么感受？

家长1：总以为我们大人很苦，小孩子很幸福。现在看来，小孩子也是不容易的，今天我就想听听孩子的心声。

家长2：因为看到其他家长都在给孩子报辅导班，我觉得如果我们不跟上，那就会掉队的。

3. 小结。

辅导班，其实变来变去，不就是关注两个点：一是特长，二是学习。那么，我们在选择辅导班之前，有没有在家里做一次商量呢？如果不商量，面对着不是自己心仪的辅导班，我们的孩子又是如何的呢？今天我们就分成小组，来一个现场版的《辅导班，家庭大战》，也欢迎家长参与。

4. 小组准备（各小组自行进行5分钟彩排、准备）。

5. 欣赏现场版《辅导班，家庭大战》。

首先我们声明一点，这个命题不是我们事先告诉学生的，所有的学生都是现场准备的，虽然说每一个版本都显得粗糙，但是却反映了真实情况。刚才看到大家看得十分开心，不知道在笑声中，我们大家感受到了什么？

6. 你说我说大家说。

家长1：孩子们的表演深深地刺痛了我的心，我总以为他们很小，不懂事，只要给他们提供最好的条件就行了，现在想来，还真的不是这么一回事儿，我真的要进行反思。

家长2：每一个家庭不一样，对孩子的期望不一样，过高的期望其实就是对孩子的一种伤害。我想起了那个笑话：一只笨鸟自己不会飞，于是下了一只蛋，孵出来以后，让小鸟拼命地飞。我们家长是不是就是那只可爱的笨鸟？

学生1：今天的"家庭大战"，就是那句话，不要输在起跑线上。现在很多家长都认为人生就是100米跑，其实人生是一场马拉松，现在跑得快的，未必是最后的冠军。

学生2：我觉得比辅导班更有意义的是亲子活动。看看我们和父母待在一起的时间有多少，除了学习，亲情比学习更有必要培养。

学生3：读万卷书，行万里路，万卷书快要读完了，估计这路走的就是辅导班的来来回回，算来也不少。但是外面的世界是什么样子，我们却没有看到过。

7. 火眼金睛来辨识。

有人说，人与人之间的差距就在于业余时间。同学们，如果我们的周末就是那样白白地浪费掉，是不是感觉到有点儿可惜呢？（是）是不是我们也应该选择一些适合自己的、有助于自己发展的辅导班呢？（是）

那么，我们就请班级小明星们来介绍一下自己在这些辅导班学到了什么，当初为什么去学，给大家有什么建议。

学生1：我是上的舞蹈班，学的时间比较长。最初妈妈的梦想是让我成为一名舞蹈演员，后来发现我并没有那方面的天赋，一度打算不让我学。可是我却坚持了下来，觉得学习舞蹈，不一定就是要当演员，还可以锻炼身材，练就气质，所以爸爸妈妈就同意了。

（评语：因为自己喜欢，自己就坚持了下来。）

学生2：我是学习器乐的，现在的主要动力就是考级，过去有动力，现在快要到十级了，不知道下一步怎么办。听人家老师说，要是学习专业的，那花的钱可多了。

（评语：目标到顶以后，我们的孩子又该往哪个方向走?）

学生3：我参加的是英语兴趣班，我觉得口语一直是我欠缺的，不过我是听了好几个班才决定的。我感觉最大的进步，就是不再讨厌英语了。

（评语：从课外培养兴趣，也是一条成功之道。）

学生4：我没有报其他的辅导班，我上了晚托班，后来被我的老师发现了，不让我上了，因为在晚托班，我做作业不需要思考，晚托班的老师全部替我搞定，成绩下降了，我不想再去晚托班了。

（评语：如果迷途知返，仍然是一个好学生。）

8. 拓宽眼界，世界更加美好。

今天的班会召开到此，我们还是需要听听家长们的看法。各位家长，你们是如何看待各式各样的辅导班的？

家长1：我认为晚托班需要整顿，有些家长就是图自己方便，把孩子放在晚托班，其实是不负责任。听说主管部门已经介入检查，这是一件好事情。

（评语：鱼龙混杂的培训市场，一定有清澈见底的时候。）

家长2：我们的兴趣未必就是孩子的兴趣，这是今天这一节班会给我的启发。每一次上辅导班，都是一场痛苦的陪伴，有时候问自己，是否还要坚持下去？今天看了一下，必须要坚持下去。

（评语：坚持下去，就能见到彩虹。）

家长3：刚才有个孩子提到了亲情，这是我今天的收获。逼着孩子干这干那，丢失的一定是亲情，我们跟孩子都成了仇人，这样下去，怎么得了啊？

（评语：这样的反思彻底、尖锐，每个人都这样反思，教育就会往前一大步。）

今天的班会不是让大家来道歉的。辅导班的问题不是我们一节班会可以解决的，也不是我们一个班级就能解决的，这是一个社会问题，一个需要更多的人来参与解决的问题。我们可以试着来解决辅导班的困局。

（分小组讨论，邀请家长参与，小组汇报）

9. 亲情欢乐大放送。

方案1：放下手机，我们去散步——放下手机，家庭影院开映啦！——放下手机，我们一起做家务。

方案2：走出去，用脚去丈量——开展各具特色的研学活动。

方案3：……

二、班会总结

今天的话题是辅导班，大家都在思考为什么上辅导班，如何选择上辅导班。从跟风到理性选择，这就是一个很大的进步。另外，我们还考虑到人格的完善、亲情的培养，这些都是我们很多人容易忽视的地方，但是我们今天注意到了，而且还提出了一些有建设性的好建议，这些都是非常宝贵的。尤其值得点赞的是我们的部分家长也参与了这节班会，听听孩子们的心声，也就明白了我们选择的问题所在。解决一个问题，不是一朝一夕的事情，也不可能一蹴而就，需要我们脚踏实地，才能走向美好的未来。

1月：交流

9. 学会倾听，养成习惯

◎ 江苏省无锡市梅村实验小学　李筠

[班会背景]

在实际教学中，我发现了课堂上学生不会学习的一个重要的原因——不会倾听。在课堂上，一名学生的发言还没结束，就被其他同学打断；老师的提问还没说完，有的学生就着急地挥着小手抢答，可回答又抓不住要点……课堂上的倾听，是学生进行学习的重要途径。倾听的质量直接决定着学生学习的质量和课堂教学的效果。在某种程度上，倾听是一种更为重要的学习技能和学习习惯，如何培养学生学会高效地倾听，成为各学科教师共同关注的话题。

为了切实有效地解决这一问题，我特意准备在中高年级进行一次主题为《学会倾听，养成习惯》的班会课，以更好地帮助学生掌握正确的倾听方法，有效引导学生学会倾听、学会学习。

[班会目的]

1. 针对学生课堂上不能有效倾听的情况，引导学生养成认真倾听的习惯。

2. 在活动中体验认真倾听的好处，并以表格导行，勉励学生养成好习惯。

[班会流程]

班会导入

师：同学们，在活动之前，老师想和大家一起来玩脑筋急转弯的游戏，你们想玩吗？

生：想。

师：请同学们举手回答。好，请听题。

师：猴子每分钟能掰2个玉米，在果园里，一只猴子5分钟能掰几个玉米？

生：没掰到一个。

师：我们接着来，请听下一题。

师：一只鸡，一只鹅，放冰库里，鸡冻死了，鹅却活着，为什么？

生：是企鹅。

师：我们再来一道。

师：黑人爸爸和白人妈妈生下的婴儿，牙齿是什么颜色？

生：婴儿还没有长牙齿。

师：我们继续。

师：在南极，有多少头北极熊？几十只，几百只，还是几千只？

生：没有。

师：时间关系，游戏我们先玩到这儿。（放音乐）在刚才的游戏中，大家听得很认真，回答得很准确，玩得也很开心。相信这节课大家通过认真听，积极参与，一定能有所收获。

师：下面，让我们来听听音乐。优美的音乐可以让我们身心放松，可以让我们心无杂念，可以让我们静下心来。

第一环节：古诗测试，导入话题

1. 教师引导：这堂课很特别，我们先用1分钟时间完成一个小小的测试。这份卷子就在你们的课桌里，现在请你把测试卷拿出来，准备好一支笔。

2. 说明要求：请大家先把试卷看一遍，找到答题要求，再按照上面的要求完成测试。时间1分钟。

师：准备好了吗？计时开始。（计时的声音）

学生在看的时候，老师巡视。

师：时间到。停笔，坐正。（测试的时候，走下去看）

师：下面我们来看看大家完成得怎么样。

测试要求是把第7题李白的诗句补充完整。

把这道题完成的同学请举手。

生：啊——

师：只有这么少的同学做对了啊！

师：你为什么叫"啊"？

生：没有听清老师的要求，结果没有完成。

师：你呢？你做的是什么？（走到旁边，拿起试卷。噢，原来他做了第一道题）

师：看来，上课认真听是多么重要啊。今天这节课，我们就来聊一聊，怎样在课上学会倾听。（板书：学会倾听）

师：请大家把测试卷放到课桌里。

第二环节：揭示现象，引出听的重要性

师：让我们走进课堂，来看看同学们平时上课的时候在倾听方面做得怎么样，请看一段录像，瞧！

（播放行为录像）

师：录像放完了，说说你从录像中看到了什么？他们上课的时候是怎样听讲的呢？（音乐）

生1：不听讲，上课玩橡皮，还东张西望。

生2：同学发言不听，语言重复，还惹得大家哈哈大笑。

生3：看似坐得端正，听得认真，实际上一点儿都不知道老师在讲什么。

师：在放录像的时候，老师看到很多同学都在笑。同学们，我们上学已经第五年了，从一年级到五年级，你有没有上课不认真听的时候？

师：请举手。

师：为什么不认真听呢？让我们来找找原因，好吗？

生：好。

师：让我们一起来分析产生这种现象的原因究竟是什么。

师：老师想先做个小调查，请大家把课桌里的"倾听调查表"拿出来，就是小的那一张，自己先把它读一读。

师：读完了吗？

（课件出示）

师：请大家拿出笔，如果你也是这样想的，就请在后面的括号里写T，如果不是，就写F。请同学们实事求是地填写。

调查表：

A．我上课时不容易集中注意力，容易走神。　　　　　　　　　　（　）

B．我特别着急，总是等不及别人把话说完。　　　　　　　　　　（　）

C．我觉得自己会了，用不着再听了。　　　　　　　　　　　　　（　）

D．我上课听了，还是记不住。　　　　　　　　　　　　　　　　（　）

师：填完了吗？写完了，请放下笔，坐端正。

第三环节：学会倾听，养成习惯

(一) 专心

师：接下来，我们就一起来交流。（出示调查项：我上课时不容易集中注意力，容易走神）在这一条后面写了T的同学请举手。

师：不知道同学们有没有想过，上课经常这样的话，对学习会有什么影响呢？

生1：不认真听，学习就会退步。

师：是啊，学习进步的同学上课的时候肯定都听得很认真。

生2：老师讲的没有听到，就掌握不了知识。

师：不认真听，当然什么也不会。

生3：不认真听，就不知道老师在说些什么。

师：不认真听讲，课上完了，我们的脑海却一片空白。

生4：这样就不知道老师在讲什么，听不懂，题目就不会做。

师：不仔细听，当然不会做。

生5：这样考试就考不好。

师：不认真听，考试的时候，拼命回想老师的话，可是，却想不起来了。

师：看来，上课的时候，要做到什么呢？

生：要专心听。

师小结：是啊，我们上课的时候，要集中注意力，听清老师讲的每一句话，做到专心致志。（板书：专心）

师：怎样才能做到专心听讲呢？别急，注意力，其实是可以训练的。下面我们就来练练怎样集中注意力。

师：看，老师这儿有个铃铛，（给学生看一看）老师待会儿要背对着你们来敲这个小铃铛。要听清楚老师敲了几下。（强调：待会儿举手告诉老师）我们比比谁的注意力最集中。（平敲几下，指生答）

师：是七下吗？

生：是的。

师：恭喜你们，答对了。

师：看来，你们是能够集中注意力的。

师：我们再来，下面老师在敲的时候会有变化喔。仔细听好。（重轻重轻轻轻重重轻）

师：老师敲了几下？

生回答。

师：是九下吗？

生：是的。

师：恭喜你们，非常准确。

师评价：呀，你们真是太厉害了，老师增加了难度，你们听得还是那么清楚，看来你们都非常专心，所以听得非常正确。

教师小结：通过这个活动，我们可以发现，上课时集中注意力，排除干扰，就能做到专心致志。在下面的学习活动中，老师相信你们会表现得更好。

（二）耐心

师：再来看看下一条小调查。

（出示调查项：我特别着急，总是等不及别人把话说完）

师：也是这样想的同学请举手。

师：这样想的同学也不少。老师想问大家一个问题，请大家及时回答。

师：你们五（2）班的班主任是——（学生通常会抢答）

师：哎呀，老师话还没有说完呢，你们就说出答案了。

师：老师要问的是，你们五（2）班的班主任是男老师还是女老师？请回答。对吗？

师：刚才，你们还没有听完老师说的话，就抢着回答，结果答非所问。

师：老师带来了一个关于认真听的小故事，你们想听吗？

生：想。

师：那你们可要认真地把它听完喔。

故事分享：一天，有三个非常贫穷的小伙子一起外出游玩。路上，他们遇到了一个老神仙。神仙说，他知道有个藏满财宝的地方，可以帮助他们过上富裕的生活。三个小伙子听了非常高兴。老人指着南方说：从这儿一直往南，会遇到一个山洞，在山洞里面有一个机关，打开它，就能通向藏财富的地方。

第一个小伙子听到这儿，叫道，我可以拥有财富啦。非常高兴地急匆匆走了。老神仙摇了摇头，继续说：但是，沿着这条山洞一直往前走，会有三条岔路，在第二个岔路口往右转，才能到达藏财富的地方。

第二个小伙子听到这儿，激动地叫道：我可以成为富人啦。说完兴高采烈地走了。老神仙又摇了摇头，对最后一个小伙子说：在第二个岔路往右转以后，会走出山洞来到一个山谷，再向前走不远，会看到一棵很大的树，财富就藏在那棵树的底下。说完老人就不见了。

后来，只有第三个小伙子找到了真正的财宝，从此过上了富裕的生活。

师：来说一说，听了这个故事，你想对三个小伙子说些什么？

（学生分享）

师：三个小伙子当中，你最欣赏谁？为什么？

（学生分享）

师：同学们，这个故事对我们的学习有什么启发呢？

（学生分享）

教师小结：这个故事给大家的启发很大，通过刚才的交流，同学们已经感受到了耐心（板书：耐心）倾听的重要性。

师：老师想再问你们一个问题：你们五（2）班的数学老师是戴眼镜的吗？他姓什么？

（学生回答）

师：他回答的对吗？

生：对。

师：你听完整了老师的问题，所以回答得又快又准确。

教师小结：看来，不管是简单的还是复杂的问题，都需要耐心地把话听完，才能做出正确的反映。

(三) 虚心

师：我们再来看看这一条：我觉得自己会了，用不着再听了。有没有过这样的想法？有过这种想法的同学请举手。

师：看来这样的同学还挺多。我们小组里讨论一下，这种想法对不对，说说你的理由。讨论的时候，请小组里的同学轮流发言，一位同学在发言的时候，其他同学可要认真地听完喔。

师：讨论好了吗？

(学生互相交流)

生1：别人说的时候，如果我不听，别人就会很难过。

生2：爸爸妈妈说得不一定对，还要再听老师讲一遍。

生3：同学不一定说得全面，我可以作补充。对自己，对别人都是补充。

生4：学无止境，没有谁什么都会，老师讲的每一次都会有所不同。

生5：同学的发言是错的，可以纠正。

生6：就算自己会了，也要再听，复习一遍。

生7：即使自己会了，也要认真听别人的发言，才会有更多的收获。

生8：即使自己会了，也可以从他人的发言中获取新的知识。

教师小结：听的时候，既可以把以前的知识复习一遍，还能有新的启发、新的收获，而且还是尊重别人的表现。这样虚心（板书：虚心）地听讲，就能让我们进步。虚心听讲，既可以相互尊重，又可以使自己获得进步，相信大家一定能做到虚心听讲。

(四) 用心

师：我们再来看看这一条：我上课听了，还是记不住。有这个烦恼的同学请举手。

没关系，老师这儿有妙招。（板书：用心）

师：怎样才能做到用心呢？下面我们先来做个游戏。游戏是这样的：我们一起拍手来数青蛙，如果老师喊停，那就要全部停下来，老师会让一个同学接下去，他说完后，我们再一起数。按照：一只青蛙（　）条腿，扑通（　）声跳下水的格式。准备好了吗？

带领学生拍手玩游戏。

如果在玩的时候，有个别学生数错了，那就耐心地要求他再数一次。

师：刚才的游戏玩得非常成功，现在老师来采访一下。刚才站起来的同学请举手示意一下。

师：你能不能告诉大家，你怎么说得那么流利呢？（生1回答）

师：你能不能告诉大家，你怎么说得那么好啊？（生2回答）

（如果学生说不出，启发：刚才听到数5只青蛙的时候，已经想到了5×4了。如果有数错的，也要采访一下原因）

教师小结：像刚才同学们这样边听边想，边听边算，边听边记，就是"用心"。如果在课堂上用心地听，就能获得更多的信息，掌握更多的知识。

第四环节：班会小结

（指板书）当我们在学习中拥有了专心、耐心、虚心、用心这四个法宝，老师相信你们一定能够养成上课认真倾听的好习惯（板书：养成习惯），也一定能让我们的生命开出绚烂的花朵。

[班会延伸]

为了在以后的学习中继续保持良好的倾听习惯，老师建议你们课后设计一张课堂认真倾听的自我评价表。老师这儿也有一张，供大家参考。你可以用五边形、菱形、三角形，也可以用三颗星、两颗星、一颗星来表示很好、较好、一般。让这张表来督促我们，让我们练就一双善于倾听的金耳朵。

10. 学习经验交流会

◎ 江苏省运河高等师范学校附属小学　胡纯纯

[班会背景]

我们班共有63名同学，从不同的地方聚集在运师附小北校五（1）班。他们活泼可爱，朴实善良，有较强的上进心和集体荣誉感，对世界充满好奇，求知欲强。但是由于年龄小，自制能力还不是很强，学习经验和学习方法积累较少，学习习惯还没有养成，所以需要正确引导他们培养、借鉴他人的一些好的学习经验，掌握有效的学习方法。举办这次学习经验交流会，就是为了给孩子们畅所欲言的空间，彼此交流，找到合适的学习方法，在促进个体发展的同时使班级整体向上、集体提高，为孩子们今后人生的发展点亮一盏明灯。

[班会目的]

1. 利用本次班会对学生进行正面教育，让孩子们明白学习方法的重要性，并总结出自己有效的学习经验供其他同学借鉴参考，帮助别人提高自己。

2. 利用本次班会让孩子们交流心得，取长补短，同时增进同学情谊，形成良好的学风、班风。

3. 利用本次班会帮助学生树立良好的学习心态，建立正确的人生观和世界观。

[班会流程]

班会导入

1．播放轻音乐，营造轻松愉悦的氛围。

2．打开PPT"学习经验交流会"。

3．师：同学们，我们今天来认识两个词语。

生：什么词语啊？

师：事半功倍和……

生：事倍功半。

师：是的。这两个词的字一模一样，但是由于排列方法不同，导致了结果大相径庭。那么为什么会出现这种状况呢？

生：方法的不同。

师：是的。学习也是如此。为什么同学们之间存在这种差异呢？学习方法是一个重要的原因。所以今天这节班会课我们就来谈一谈这一话题。

师：同学们，今天班会的主题是？

生：学习经验交流会。

师：知道什么是学习经验吗？

生1：学习经验就是学习过程的感悟。

生2：学习经验就是好的学习方法的总结。

生3：学习经验就是对自己学习方法中的问题反思和改进。

生4：学习经验就是学习的经历和体验。

师：同学们说得真好，今天我们班会的主题就是交流你们学习的过程，学习的方法，学习的体验。

活动一：学习经验我先行

(PPT播放品学兼优的学生——小泽)

师：首先我们来听听小泽同学带给我们的精彩分享。

生：小泽作精彩演讲。(PPT播放其演讲内容，突出重点)

活动二：学习经验我要学

讨论：小泽同学的学习经验，哪些值得你学习？

生1：我要学习小泽的学习三部曲：预习—学习—复习。学习三部曲，看似简单，坚持却不易。我要持之以恒，懂的自己学，不懂的课上认真学，课后及时复习巩固，相信我的成绩会提高的。

生2：我要学习小泽的睡觉两部曲：睡前5分钟，醒后5分钟。我觉得这种方法非常好，睡觉前5分钟复习当天学习的重点，第二天早晨醒来再看5分钟昨天学习的重点。这种记忆方法能牢固地复习重点知识，我要向她学习。

生3：我要学习小泽的"不懂多问"的学习精神。无论课间还是课堂上都能看到她向同学或老师请教的身影。我想，她好成绩的取得和她这种学习品质有很大的关系，将每一个不懂的疑惑点都弄懂，成绩自然有进步。我要向她学习。

生4：我要学习小泽"乐于助人"的学习精神。正像她所说：帮助别人的同时也是帮助自己复习。我也要做一个像她一样优秀的学生，帮助同学的同时提升自己，带领同学们一起进步。

活动三：学习经验我要说

师：小泽同学向我们介绍了她实用的学习经验，而且很多同学都表示要向她学习，这是老师非常开心的事情。相信我们五（1）班会越来越棒的，还有哪位同学愿意分享你的学习经验，说说看。

生1：我认为我最成功的学习经验是上课认真听讲，专心思考，积极回答问题。

师：你真棒，这是非常优秀的学习品质，是我们班每个孩子都应该做到的，给这位同学热烈的掌声。

生2：我还有一个学习经验要分享，我喜欢探讨数学的奥秘，喜欢看数学课外书，使我增长了很多知识，这是我收获很大的地方，分享给同学们。

师：你真是一个爱看书的好孩子，知识的获得离不开书，你找到了一个获取知识最好的方法，祝贺你。

生3：我的经验是做好课堂笔记，用思维导图的形式找到知识点之间的关系。

生4：我的经验是用好错题集，将错误的题目整理出来，看上去多花了时间，却对易错的知识点加深了印象，避免再次掉进"坑里"。

生5：我的经验是与同学多讨论，尤其是一些难题，卡在那里过不去，浪费了时间，又影响了情绪。在讨论中，其他同学的一个点拨使我豁然开朗。我的思路也会给其他同学以启发。

活动四：学习经验共总结

师：短暂的班会课即将结束，同学们来总结一下你认为比较适合你的学习方法，整理在你的小笔记本上，为自己能成为更优秀的小学生努力吧!

3月：沟通

11. 说话，要讲究文明礼貌

◎ 广东省佛山市佛山高新区（狮山镇）教育局　刘习洪

[班会背景]

丁零零，丁零零……铃声响起，我及时宣布下课。"衰仔，你搞咩野？"突然在耳旁响起，我的心陡然一震。我抬眼望去，只看见话音未落的文文，径直朝明明冲了过去，我及时制止了这起冲突。经过了解，其实并没什么大事。原因是上课时，明明不小心把文文的书弄掉在地上，文文叫明明捡，因为在上课，明明没有及时捡起来，导致文文非常生气，所以说出了粗言秽语并差一点儿动起手来。这件事情大吗？为何会粗言秽语？又为何差点儿动起手来了呢？联想起当今社会的种种现象，校园暴力事件屡屡发生，事件的起因往往是一两句话说得不当。为了规范学生的言行，也为了保护学生的人身安全，该教育学生平时要注意自己的一言一行了。

[班会目的]

1. 让学生感受种种校园暴力事件的危险性。
2. 让学生认识粗言秽语造成冲突的可能性。
3. 通过班会让学生明白文明语言的重要性。
4. 使学生形成说文明话、做文明事的意识。

[班会流程]

班会导入

观看视频一（第一小组成员表演并拍摄，因粗言秽语导致矛盾和冲突发生）。

观看视频二（第二小组成员表演并拍摄，因语言动听，即将上演的冲突瞬间得到化解）。

师：视频一为什么爆发了冲突，视频二为什么化解了冲突呢？

生1：视频一的同学没有控制好自己的情绪，粗言秽语激怒了对方。

生2：视频二的同学很好地体现了自己的绅士风度，说话动听，化干戈为玉帛，避免了冲突的发生。

师：下面我们进入今天的班会主题：说话，要讲究文明礼貌。

第一环节：我们都来评评理

师：针对刚才播放的两个视频，请以小组为单位进行交流，然后再派一个队员代表汇报。

（学生以小组为单位进行交流和讨论）

师：矛盾往往起于一些小事，冲突往往源于三言两语。如果我们在平时的生活和学习里，不能说文明话、做文明事，是容易产生矛盾造成冲突的；在矛盾冲突下不能很好地控制住情绪或者脾气，就容易发生打架斗殴的事件。当今社会，很多校园内外暴力事件，多是源于言语不合或者情绪激动。所以，我们在平时的学习生活中，一定要说文明话、做文明事。

第二环节：现场表演情景剧

师：你们能不能现场表演有关说文明话、做文明事的情景剧呢？

（所谓情景剧，就是各小组拟定一个主题，围绕它用故事、语言、活动等方式进行表演，以达到教育和启示的作用）

师：前面的视频一和视频二分别是第一小组和第二小组表演的，请剩下的三至八组设计并表演一个情景剧。

（学生分小组设计并表演）

师：请第一小组和第二小组的同学担任点评的任务。

（第一小组和第二小组对表演情景剧依次点评）

教师及时小结并提出期望。

第三环节：设计文明用语

（一）一般情况下见面时

设计体验：见面有话好好说。

师：下面我们来进行一般情况下见面怎么说话的设计。比如：

小明你好！你今天看起来很精神、很帅气！

（学生单独设计）

（学生小组汇总）

（学生展示小组设计的礼貌用语）

教师针对各小组的展示，适当地进行点评，及时发现亮点并进行引导。

（二）摩擦冲突突发情况时

设计体验：冲突有话好好说。

师：如果我们不慎与人发生矛盾、产生冲突，怎样说话能消除冲突呢？请你设计设计。

（小组合作共同设计文明用语）

（小组汇报展示消除摩擦冲突的礼貌用语）

教师及时总结，发现亮点，肯定表扬。

班会小结

师：（总结升华）下面我们一起诵读一首诗来结束我们今天的班会。

文明礼貌用语拍手歌

你拍一，我拍一，大家都来学礼仪；

你拍二，我拍二，我们都要讲礼貌；

你拍三，我拍三，与人见面问声好；

你拍四，我拍四，尊敬老人和师长；

你拍五，我拍五，帮助同学建友谊；

你拍六，我拍六，请求帮助要客气；

你拍七，我拍七，道歉请说对不起；

你拍八，我拍八，客人来时说欢迎；

你拍九，我拍九，与人道别说再见；

你拍十，我拍十，"请""您""谢谢"不离口。

[班会延伸]

请每位同学完成下列任务。

1. 根据自己的认识和感受写一篇100字短文。
2. 回到家里自觉使用同学们设计出来的礼貌用语。

[班会总结]

　　本节班会主题是：说话，要讲究文明礼貌。设计思路：先让学生观看现实生活中常见的摩擦和冲突事件的视频，让学生产生强烈的视觉冲突，继而引起学生共鸣和共情。然后引导学生针对视频发表自己的观点，说出自己的真实感受，分辨其中的曲直是非。如果只是明白道理，还远远不能说成功了，于是帮助学生通过各类丰富的活动来提升理解和加强记忆。文明礼貌用语的设计和应用，可能真的能够帮助五年级的学生完成自我突破和自我提升，继而实现真正意义上的质变。后续的跟进练习和应用很重要，有了文明礼貌用语的应用，这节班会的价值就体现出来了。

3月：沟通

12. 有话好好说

◎ 江苏省无锡市江溪小学　吴伟芳

[班会背景]

当学生升入高年级后，由于生理上的变化和抽象思维能力的进一步发展，自我意识越发强烈，他们往往以自我为中心，不懂得尊重他人。他们说话时不注意方式方法，易于引发一些矛盾与纠纷，从而产生人际交往障碍，不利于自身的健康成长。因此，引导学生学会理解、宽容他人，掌握说话技巧，与他人好好说话显得尤为重要。

[班会目的]

1. 知晓人际交往中交流方式的重要性。

2. 懂得使用文明语言来表达自己的意愿，初步掌握与他人沟通的方式方法，并能运用于生活中。

3. 从我做起，从现在做起，养成良好的语言习惯，为创造文明的社会氛围贡献自己的一份力量。

[班会流程]

班会导入

师：为在未成年人中培育和践行社会主义核心价值观，江苏省文明委制定下发了《关于在全省开展未成年人文明礼仪养成教育的意见》和《江苏省未成年人基本文明礼仪规范》，强调要突出抓好未成年人的"八礼四仪"。同学们，你们知道"八礼四仪"中的"八礼"是哪八礼吗?

生:仪表之礼、仪式之礼、言谈之礼、待人之礼、行走之礼、观赏之礼、游览之礼、餐饮之礼。

师:真棒!下面有请"礼仪小博士"来为我们讲一讲"言谈之礼"的主要内容。

礼仪小博士:言谈之礼就是用语文明、心平气和、耐心倾听、诚恳友善。

师:同学们,听了礼仪小博士的介绍,你们明白了什么呢?

生1:我明白了讲话要文明,不能讲脏话粗话。

生2:我明白了在别人说话时要耐心倾听。

生3:我明白了说话的时候要心平气和,态度要诚恳,要好好说话。

师:是的!俗话说"良言一句三冬暖,恶语伤人六月寒",很多时候,一句理解的话,能给人安慰,增添勇气,即使处于寒冷的冬季也能感到温暖;而一句不合时宜的话,就如同一把利剑,刺伤人们脆弱的心灵,即使在夏季六月,也会感到阵阵的严寒。今天,我们班会课的主题就是:有话好好说。

第一环节:粗鲁语言面面观

师:同学们,在学习和生活中,由于我们不好好说话,出言不逊,造成了和别人的矛盾。请看小品《扫地》。

小品内容:

这天,该李明值日打扫卫生,可放学后他却背起书包要回家。

王军(拉住李明):你不是这个班的吧?你忘了今天星期几了?该你值日你却溜,成心偷懒!

李明(一愣):你听我说。我……

王军(气愤、着急):懒虫,说什么说,还想找理由,还想抵赖,书包都在你肩上了。

李明(着急、脸红):你别拉我呀,有话好好说,我已经……

王军(更气,提高嗓门):还有理了你,废话少说,扫地(把扫帚塞给李明)。

李明(要哭出来了,扫帚想接又不接)

王军(气愤难当):还不接,小心我揍你!

此时，吴老师走上来：李明，你还不走。(李明退下)

王军（满脸不解）：老师，李明他——他——他值日。

吴老师：李明已经向我请过假了，他妈妈今天出国，他要给妈妈送行，你呀！(手指向王军的额头)

文明使者：同学们，请你们说说小品中有哪些不文明的地方。

生1：我觉得王军比较急躁，说话太冲。

生2：我觉得王军说话不文明，比如"懒虫""废话少说"等。

生3：王军还不给李明解释的机会。

师：是啊，这样的王军，我们谁都不喜欢。同学们，当我们与别人交流时，要真诚友好、耐心倾听、文明用语。

第二环节：文明礼仪我来学

师：中华民族素有"礼仪之邦"的美称，讲文明是我们中华民族的优良传统。从古至今，涌现出了许许多多名人讲礼仪的小故事。下面，请两位同学来讲讲他们搜集到的故事。

生1：有一次，周总理刮脸时，因为咳嗽了一声，脸上被朱师傅划了一道口子，朱师傅深感不安。周总理安慰他说："这不能怪你，怪我咳嗽没有向你打招呼，还幸亏你刀子躲得快哩！"朱师傅听了周总理的话，非常感动。

生2：岳飞向一位老者问路，他先离镫下马，然后上前施礼："请问老丈，方才可见一个骑黑马的？他往哪条路上去了？"老人见岳飞很有礼貌，便耐心地给他指路。

师：同学们，听了这两个故事，你们有什么感受？

生1：礼貌待人可以在人与人之间架起一座理解的桥梁，减少相互间的矛盾。

生2：文明的语言可以让别人备感温暖，别人也更愿意帮助你。

师：说得真好！同学们，你们知道有哪些礼貌用语吗？

生3：请、谢谢、对不起、没关系、您、再见。

师：其实，讲究礼仪不仅要使用礼貌用语，表情、动作也很重要！请同学们用以下几种表情，适当添加动作，对着同桌说"请你让一下"。请听的同学比较一下：哪种表述让你的心情更好？

  平淡地说 微笑着说 烦躁地说

  学生体验，体验后请听的学生交流感受。

  生1：我觉得同桌"微笑着说"时最让我开心，这种表情让我容易接受。

  生2：我也觉得同桌"微笑着说"时最让我心情好，我觉得我得到了尊重。

  师小结：是的，真诚地面带微笑说话能让自己和听的人都有个好心情。除了说话时微笑，还要怎样做才叫好好说话呢？

（学生交流）

老师根据学生的交流编成一首儿歌。

    面带微笑，用语文明，诚恳友善，沟通你和我。
    耐心倾听，心胸宽广，态度谦和，架起友谊桥。
    眼神专注，尊重他人，体贴亲切，争做文明人。

（学生诵读）

第三环节：文明关卡我来闯

  师：同学们，通过刚才的学习，我们知道了"有话好好说"的方法，接下来老师要考考你们，有信心接受挑战吗？（学生大声答：有）让我们一起跟随文明使者进入"文明关卡我来闯"环节。

  文明使者：闯关采用竞赛形式，全班分成四队，第一小队是勇敢坚强的雏鹰队，第二小队是乘风破浪的海燕队，第三小队是快乐自由的追梦队，第四小队是神通广大的战神队。比赛共设两关，两关后，得分最高的队就是"文明闯关冠军队"。请老师当评委兼记分员。

  （一）第一关——连连看

  文明使者：下面我们进入第一关——连连看。请各队拿出作业纸，把下面的场合和所要说的文明用语连起来，时间为1分钟。时间到后，请各队派一名队员在实物投影仪上显示答案，答对一题加2分。

  多媒体出示：

初次见面说	拜访	请人帮助说	恭候
好久不见用	久违	等候客人用	请多关照
看望别人用	欢迎	表示礼让说	高见
表示答谢说	失陪了	赞人见解用	您先请
中途先走说	谢谢	表示歉意说	对不起
客人到来说	再见	接受感谢说	请教
与人分手说	您好	求人解答用	这是我应该做的

各组代表展示答案，评委评判计分。

（二）第二关——把脉听诊

文明使者：各组顺利闯过第一关。下面，我们进入第二关——把脉听诊，先诊断，再表演。每题30分，视表演情况酌情扣分。

题一：星期天晚上，王兰上网吧很晚才回家，妈妈关切地问："你到哪儿去了？怎么这么晚才回家？"王兰不耐烦地说："你管我干啥？烦死了！"请问面对妈妈关心的话语，王兰的话语是否妥当？为什么？她应该怎样说？

题二：李军走路时一不留神撞到了孙飞，他连忙向孙飞道歉说："真对不起！"孙飞生气地说："'对不起'值几个钱？今天，我不撞你，我不姓孙！"请问孙飞这样说是否文明？为何？他应该怎样说？

题三：在文具用品店里，王刚对营业员奶奶说："老太婆，这只文具盒赶快给我拿出来。"请问王刚可不可以这样说？为什么？他应该怎样说？

题四：前两天运动会接力比赛时，我们班原本遥遥领先，可是在最后关头明明掉棒了，结果我们得了倒数第一。明明非常自责。回到班上同学都指责明明，有的说："都是你，害得我们班得了倒数第一。"有的说："你真笨！"还有的说："你是故意的吧！"……面对同学们的指责，明明委屈地哭了。请问：同学们这样指责明明对吗？如果你是明明的同学，你会怎么说？

(各小队抽签听题答题，队员可补充回答，最后全队合作表演，老师评判给分)

文明使者：闯关结束，让我们看一看大家的智慧果实吧！雏鹰队：××分；海燕队：××分；追梦队：××分；战神队：××分。恭喜××队夺得了"文明闯关冠军队"称号，让我们以热烈的掌声向他们表示祝贺。

第四环节：文明礼仪伴我行

师：同学们真棒，都掌握了"有话好好说"的窍门！让我们行动起来，在雨露下播撒文明的种子，在阳光里装扮心中的春天。下面请听诗朗诵《文明礼仪伴我行》。

文明礼仪伴我行

文明是一朵花，
一朵永久芳香的花。
我们用真诚去浇灌，用热情来哺育，
让文明之花尽情绽放在你我的心中。

礼仪是一首诗，
一首清新淡雅的诗，
我们用理解去融化，用关爱来抚慰，
让礼仪之诗永久珍藏在彼此的心里。

我们是新世纪的少年，
我们要做新时代文明的代言人。
雨露下，我们播撒文明的种子；
阳光里，我们装扮心中的春天。

带给别人一个微笑，别人给你快乐无限。
送给别人一丝温暖，别人给你灿烂心情。

带给别人一片真诚,别人给你深深思念。
送给别人一份谦让,别人给你真诚敬意。

让我们用微笑铺设文明路,做礼仪的少年,
让我们用真心搭建礼仪桥。
文明礼仪伴我行,中华美德放光芒。
文明礼仪伴我行,到处飞满礼仪燕!

活动小结

师:同学们,有话好好说,沟通你和我。让我们携起手来,践行言谈之礼,让礼仪之燕飞满江小校园,让我们的校园变得更加和谐美好。最后,让我们在《有话好好说》的歌声中结束我们今天的班会吧!

[班会延伸]

开展"有话好好说"活动,制定评比细则,评比"礼仪小燕子"。

> 4月: 传承

13. 革命故事我来讲

◎ 江苏省无锡市大桥实验小学　王宏君

[班会背景]

课间，两个男孩在讨论放牛郎王二小的故事，一个说："二小真聪明！他想办法把敌人引到了其他地方，保护了村民。"另一个也感叹："我要是二小，一定被吓得不知道要干吗了！"于是，我想到，孩子们学过《歌唱二小放牛郎》这篇课文，也看过动画电影，对这个英雄形象有一定了解。何不借清明节到来之际，重温革命故事，传承英雄精神，对孩子们进行爱国主义教育。

[班会目的]

1. 让学生学习革命故事，重温英雄事迹。
2. 树立爱国情怀，向革命先烈学习，激励自己前进。
3. 珍惜今天来之不易的幸福生活，奋发向上，健康成长。

[班会流程]

班会导入

大家好，我是这次班会的主持人王××，4月5日就是清明节了，我们特此召开"革命故事我来讲"主题班会，以此纪念革命先烈，传承英雄的精神，激励自己更好地前行。

春天，万物复苏，春意盎然。

春天，是最令人向往的季节。

人们总不会忘记，祭扫烈士墓，缅怀革命先烈。

看烈士事迹，学烈士精神，踏上红色之旅。

革命烈士的英勇和今天美好生活的来之不易！

我宣布《革命故事我来讲》主题班会现在开始。

第一环节：诗歌朗诵

请大家和我一起读：

英雄赞歌

鲜花，像灿烂的火把燃烧在眼前，

五星红旗，像熊熊的烈焰映红了苍穹。

面对庄严的墓碑，我们心如潮涌，

面对先烈的英灵，我们热泪盈眶。

耳边，仿佛还震荡着激烈的枪炮声，

眼前，好像还弥漫着战斗的浓浓硝烟。

永远不会忘记——身先士卒，革命志士逞英豪，

永远不会忘记——力战顽敌，一片丹心照乾坤。

一个声音高喊着——勇往直前，战斗不息……

是你们，使天空变得晴朗高远，

是你们，使大地变得瑰丽斑斓，

是你们，使阳光变得灿烂辉煌，

是你们，使春风变得和煦温暖。

高亢的国歌在耳边响起，鲜艳的国旗在空中飘扬。

听，革命先烈鲜红的热血，谱写的英雄赞歌，

是多么的嘹亮，多么激昂……

第二环节：清明节的习俗

清明节的习俗是丰富有趣的，除了讲究禁火、扫墓，还有踏青、荡秋千、蹴鞠、

打马球、插柳等一系列风俗活动与体育活动。相传这是因为清明节要寒食禁火，为了防止寒食冷餐伤身，所以大家来参加一些体育活动，锻炼身体。因此，这个节日中既有祭拜先人，又有踏青游玩，是一个富有特色的节日。

我主要向大家介绍一个放风筝的习俗。放风筝也是清明节人们喜爱的活动。每逢清明时节，人们不仅白天放，夜间也放。夜里在风筝下或在拉线上挂上一串串彩色的小灯笼，像闪烁的明星，被称为"神灯"。过去，有人把风筝放上蓝天后，便剪断牵线，任凭清风把它们送往天涯海角，据说这样能祛病消灾，给自己带来好运。

第三环节：请听歌曲《歌唱二小放牛郎》

王二小真了不起，年纪虽小却那么勇敢。

先烈们，在中华民族面临生死存亡的危险时刻，是他们用自己的血肉之躯筑起了长城，与日本帝国主义侵略者进行着拼搏。是他们把对国家、对劳苦大众的爱化作力量同敌人拼杀，不怕牺牲，勇往直前，建立了人民当家做主的新中国。

第四环节：讲故事

下面，再让我们聆听一个关于夏明翰的故事。

夏明翰是湖南衡阳人。他加入中国共产党，为党的事业做了许多事。不幸的是，1928年2月7日他在汉口被捕了。

夏明翰被押在狱中。敌人用了种种手段，想让夏明翰说出中国共产党的地下组织，但是毫无所得。又一次审讯开始了。夏明翰镇静自若地走进来，昂首对着那个恶煞般的主审官怒目而视。

主审官问："你姓什么?"夏明翰答："姓冬。"

"你明明姓夏，为什么说姓冬！简直是胡说！"

"我是按国民党的逻辑讲话的。你们的逻辑是颠倒黑白、混淆是非，你们把杀人说成慈悲，把卖国说成爱国。我也用你们的逻辑，把姓'夏'说成姓'冬'，这叫以毒攻毒。"

主审官又问了几个问题，可是什么都问不出来。反动派在夏明翰身上连半根稻草都没捞到，而且失去了希望，只得使出了最后一招，宣布"就地处决"。

2月9日,也就是夏明翰被捕的第三天,反动派把夏明翰押上了刑场。夏明翰泰然自若,连声高呼革命口号,接着又高唱起《国际歌》。周围的群众都感动得流下眼泪,反动派在这凛然正气的震慑下胆战心惊。

行刑的时刻马上就到了。反动派问夏明翰:"你还有什么话要说吗?"

夏明翰说:"我要把我的话写出来,给我拿纸和笔来!"

反动派还希望夏明翰最后能供出点有用的材料来,立即给了他一支笔和一张纸。

夏明翰接了过来,奋笔写了一首正气凛然的就义诗:砍头不要紧,只要主义真。杀了夏明翰,自有后来人。

写完后,大声念了一遍,把笔往地上用力一抛。

夏明翰慷慨就义了。他用自己的鲜血和生命,谱写了一曲壮烈的革命之歌。

大家还知道哪些英雄先烈的事迹?我知道的英雄先烈的名字太多了,有舍身炸碉堡的董存瑞,有为了避免暴露、放弃自救被烈火焚身的邱少云……

班会小结

学习了这些英雄故事,同学们都有什么感想?我希望大家都能珍惜今天来之不易的幸福生活,好好学习,为了祖国的繁荣强大,为了烈士的鲜血不白流,我们一定要努力学习文化知识,长大了报效祖国。

今天的主题班会到此结束!

[班会延伸]

1. 写下自己听完革命故事的感想。
2. 和同学分享自己知道的其他革命故事。
3. 用英雄的精神带动自己前进。

4月：传承

14. 向国旗敬礼，为队旗添彩

◎ 江苏省无锡市江溪小学　洪春燕

[班会背景]

为引导广大少先队员传承和发扬少先队的光荣传统，增强少先队员的荣誉感、使命感和责任感，为实现"中国梦"建功立业，大队部将开展"向国旗敬礼，为队旗添彩"主题活动。

[班会目的]

在活动中了解少先队的发展历程，深刻理解红领巾的含义和象征；认识少先队在中国革命及建设时期尤其改革开放以来发挥的重大作用，在情感上激发学生对少先队组织的热爱；在行动上自觉爱护红领巾，为红领巾增光添彩，争做优秀少先队员。

[班会流程]

中队长：同学们，首先让我们用热烈的掌声欢迎党员、团员老师们和其他任课教师前来参加我们的主题班会。下面，有请可爱的少先队员们为老师们敬献红领巾。让我们再一次用热烈的掌声欢迎他们的到来！

甲：清新的四月，满眼的初绿告诉我，今天是我们的庆典。

乙：明媚的阳光，灿烂的笑脸告诉我，今天是我们的盛会。

甲：我们带着好好学习的成绩和良好的品行来了。

乙：我们带着朝气蓬勃的笑脸和每一天的进步来了。

甲：五（2）班瞿秋白英雄中队"向国旗敬礼，为队旗添彩"主题班会现在开始。

第一篇章：铭记少先队光荣队史

学生表演：台前学生1举着写有"劳动童子团"的长形纸条上台，说：北伐战争时期，中国少年先锋队的名字叫劳动童子团。她是党领导的第一支少儿组织，第一把火炬在武汉、上海等地点燃！打倒列强！打倒军阀！贫穷儿童从此有了最早的家园。

学生1边说边做造型靠左站直，同时播放幻灯片。

学生2举着写有"共产儿童团"的长形纸条上台对大家说：土地革命战争时期，中国少年先锋队的名字叫共产儿童团。不怕困难，不怕牺牲，打土豪，斗恶霸。红星闪闪放光彩。

（学生2靠学生1站直）请看歌舞《闪闪的红星》。6位同学手拿红五星表演。

学生3举着写有"抗日儿童团"的长形纸条上台，说：抗日战争时期，中国少年先锋队的名字叫抗日儿童团。站岗、放哨、捉汉奸，埋下地雷炸坏蛋，二小英名众人传。

请听独唱《歌唱二小放牛郎》（学生3靠学生2站直）

学生4举着写有"少先队和儿童团"的长形纸条上台，说：解放战争时期，中国少年先锋队的名字叫少先队和儿童团。小小报童再也不必唱忧伤的歌，因为我们推翻了三座大山。

学生5手举着大队旗上前，说：1949年新中国成立了，毛泽东爷爷在天安门城楼上升起了第一面五星红旗，中国人民从此站起来了。10月13日中国少年先锋队成立了，它引导我们为共产主义事业做好准备。

第二篇章：争做新时代榜样少年

甲：回首中国少年先锋队所走过的光辉岁月，我们满怀骄傲和自豪。

乙：今天，鲜艳的红领巾在我们胸前飘荡，我们更看到了新时期少先队员为红领巾增添了更鲜艳的色彩。

生1介绍：我们认识了杨绿野，她是一位先天患双耳深度耳聋的残疾同学，但她凭着坚强的毅力，不仅学会说一口流畅的普通话，而且多才多艺，全面发展，屡创佳绩。我们佩服她的身残志坚。

生2介绍：2018年，汶川地震10周年，我们看到了小英雄林浩，在大灾面前表现出来的冷静与果敢，从倒塌的校舍中救出了两名同学的勇敢行动，绝不是"初生牛犊不怕虎"所能表达的。他小小年纪的英雄之举让全国人民震撼。（视频展示）

生3介绍：热心公益、志愿服务超过2600小时的最小五星志愿者刁兴宇。

生4介绍：关爱他人、连续数年前往青海玉树为藏族孩子送"爱心餐"、救助脊柱侧弯患儿的爱心姑娘谢伊。

第三篇章：传递红领巾伟大精神

甲：习近平爷爷对我们少年儿童又有哪些希望和要求呢？

生：记住要求，心有榜样，从小做起，接受帮助。

甲：党和国家领导人都对我们少年儿童寄予了殷切希望，因此我们要成为中国特色社会主义事业的建设者和接班人。

乙：是啊，光说不练可不行，得用行动来证明。

乙：瞧！"秋白读书社"的队员们来了，他们将用行动证明他们是勤奋学习、追求上进的好少年。

乙：谢谢队员们精彩的展示。

甲：你知道吗？我们的队员不仅自己爱学习爱读书，我们还用好书架起了一座沟通的桥梁，为学校的小燕子流动书吧捐赠了不少书。

乙：为了丰富同学们的课外知识面，丰富同学们的课余生活，同学们拿来了家中的经典书籍组建了图书角，让同学们能够在书海中快乐成长。

甲：读书让我们增长知识，爱心让我们收获友谊，天天锻炼会让我们拥有一个强健的体魄，每天锻炼一小时，健康生活六十年。

乙：来，请大家一起分享我们锻炼的快乐，让我们一起跳跳健康操吧！（播放健康操音乐）

甲：我们爱读书，我们有爱心，我们常锻炼，因为我们有一份悠悠中华情，我们有一颗拳拳爱国心。

乙：因为我骄傲我是中国人。（表演诗朗诵《我骄傲，我是中国人》，背景音

乐《国家》）

甲：鲜红的红领巾系满理想，载着我们扬帆远航。

乙：今天，我们用歌声唱出了自强，唱出了感恩。

甲：亲爱的同学们，我们是新世纪的雏鹰。

乙：亲爱的同学们，我们是新世纪的主人。

班会小结

师：同学们，五年的小学生活将是你们人生路上的启明星，要珍惜这闪着梦幻般光彩的少年时光，珍藏这佩戴红领巾的年龄。相信到了将来，存留在你们心中的红领巾将永远是红艳艳的。

[班会延伸]

1. 同学们进行正确佩戴红领巾的比赛活动。

2. 加强日常红领巾佩戴检查，不得污损红领巾。

3. 进行正确的敬队礼练习。

5月：诚信

15. 让诚信之花遍地绽放

◎ 江苏省无锡市梅村实验小学　钱小玲

[班会背景]

一则影视明星偷税漏税的新闻，占据了报纸的头版头条，这是一个十分鲜活的案例，是对诚信的最佳诠释。挖掘这一条新闻背后的诚信价值，对于小学生来说很有必要。他们年龄小，缺乏辨别是非的能力，在价值观取向上还不够稳定。再加上他们多为独生子女，家长的百般呵护使一部分孩子以自我为中心，在与人交往中缺乏诚信美德。但是，他们作为新时代现代化建设的生力军，诚信品行塑造的程度如何，不仅关系着自身的前途和命运，而且与社会的发展和进步息息相关。因此，作为班主任，对学生进行以诚实守信为荣、以见利忘义为耻的教育，显得尤为必要。

[班会目的]

1. 通过活动，使学生知道什么是诚信。

2. 通过活动，使学生理解诚信的意义、失去诚信的危害。

3. 通过活动，激发学生做一个讲诚信的人，鄙视虚假和不守信用的行为。从自己做起，从小事做起，践行诚信，使诚信之花遍地绽放。

[班会流程]

班会导入

1. 学生上台讲小故事：《狼来了》。

2. 讨论：你想对故事中的牧童说些什么？

3. 学生交流，引出诚信。

第一环节：故事导入，引出诚信

学生自由谈对诚信的认识。

生1：诚信就是不说谎话。

生2：诚信就是作业自己做，不抄袭，考试不作弊。

生3：诚信就是做错事勇于承认并承担责任。

生4：诚信就是遵守时间约定，不迟到，不缺席。

主持人小结：同学们说得都不错，老师将这些共同点概括起来，诚信就是忠诚老实，实事求是，言而有信，信守承诺。（课件出示）

第二环节：聚焦影视明星，再说诚信

主持人：诚信是中华民族的传统美德，诚信是中华民族的精神财富。"诚信"还在我们身边吗？让我们关注社会，走进"焦点访谈"。

1. 播放视频资料：聚焦偷税漏税的影视明星等事例。

2. 小小讨论会：说说偷税漏税引起的严重危害；谈谈你对此事的看法。

3. 学生畅所欲言。造成国家税收流失、挑战了税法的尊严、影响社会风气、对粉丝产生负面的"引领"、导致自己形象受损等。

4. 主持人小结。明星偷税漏税的行为，是失去诚信的做法，必然导致信誉危机，必然受到法律的制裁、社会的唾弃，严重影响自己的职业生涯。

（意图说明：通过引进"焦点访谈"栏目，关注社会热点话题，在讨论中了解失去诚信给个人、他人、社会带来的巨大危害，让学生从内心受到震撼。）

第三环节：情境再现，巩固诚信

主持人：诚信是我们这个集体的文明之本，力量之源。"诚信"还在我们身边吗？让我们关注校园，走进班级。

1. 小品：《考试》。

内容：班中学生在进行数学考试，A同学遇到一题不会做，最终偷看同桌B同学的答案，获得满分。

2. 学生谈观后感受。

3. 主持人小结：获得的是鲜亮的100分，丢失的却是无价之宝——诚信。

4. 新闻报道《小字条　大诚信》。（可以适当改编）

（大概：某地中学生小徐上学途中不慎剐蹭了一辆宝马车，苦等车主，为了不迟到，他写了一张纸条说明情况，留下联系电话，深深感动了车主和全体市民。）

5. 主持人：留下的是小纸条，收获的是诚信的大礼包，他是学生的好榜样。

6. 小组表演诗朗诵：《我们呼唤诚信》。

（意图说明：通过小品这一形式情境再现，关注校园，进一步了解学习生活中失去诚信给自己、集体带来的危害，让学生从内心受到启迪。）

第四环节：走近名人名言，深化诚信认知

主持人：中国自古以来就是一个礼仪诚信之邦，翻阅中国历史画卷，让我们历数中华民族的优秀儿女，感受他们诚信真挚的心。

1. 小小故事会：《曾子杀猪》《宋庆龄奶奶的故事》《一诺千金》。

2. 主持人小结：高尔基曾说过："让我们做一个大写的人吧！"而诚实和守信就好像人字的一撇和一捺，支撑起我们每个人的道德准则。

（意图说明：通过名人诚信故事会，使学生进一步受到思想的熏陶和心灵的洗涤，从而深化诚信美德。）

3. 自创格言，加深认识。

集体游戏：学生齐栽"诚信之花"。（配上轻松愉快的背景音乐）

(1) 学生在下发的"诚信之花"卡纸上自创诚信格言。

(2) 集体交流。

（意图说明：通过自创诚信格言等活动，进一步强化"诚信"在人生成长和人类社会中的重要作用和意义。要突出"诚信"是一种可贵的品质，是我们努力的方向。）

第五环节：走近同学，强化诚信

主持人：通过课前调查采访，我们还了解到身边的诚信小故事，让我们一起走近他们，夸一夸你身边的诚信好伙伴。

1. 学生A：我的同桌虽然成绩不够理想，平时也很调皮，但有一次他在操场上捡到了50元钱，主动交给班主任老师，并让老师在校园广播站播了通知，把钱归还了失主。我觉得诚信好伙伴非他莫属!

2. 学生B：我班的中队长平时学习勤奋，乐于助人，最让我佩服的是他诚实的美德。记得在刚结束的期中检测中他的数学试卷是100分，后来他发现老师批错了一道口算题，就毫不犹豫地让老师扣去了1分。他真是值得我们学习的诚信好少年!

3. 学生C：我很惭愧。周日我和小东约好去市图书馆看书，但由于下雨，我就没去。结果小东还打电话来问我是否临时有事改计划了，他已经等了好久。当时我既感动又后悔。我觉得小东是名副其实的诚信好伙伴,他说到做到,信守承诺,而我真不该言而无信。

主持人：今天你能站起来勇于承认错误，就证明你完全能做一个诚实守信的人，因为知错能改就是最大的诚信! 让我们送给他最热烈的掌声!

4. 班主任老师为涌现出的这一批诚信好伙伴颁发"诚信"奖章一枚。

5. 快板表演：《说诚信》。

(意图说明：通过寻访身边的诚信好伙伴活动，使学生在对身边榜样的叙述和感受中强化诚信美德。)

第六环节：总结活动，拓展延伸

1. 班主任总结：同学们，今天的主题班会开得非常成功。在活动中，我和大家都感受到了社会需要诚信，人们呼唤诚信。我也欣喜地发现，诚信已悄悄走进我们班每位同学的心中。希望你们在学习、生活中说诚信话，办诚信事，做诚信人，能从自身做起，从小事做起。同学们，拥有诚信，我们的明天会更美好!

2. 活动延伸：继续深入开展寻访身边的"诚信之星"活动。利用主题班会、家长会等途径，学习身边的"诚信好伙伴""诚信好家长""诚信好老师"的先进事迹，以此弘扬诚信之风，促进校园、家庭、社会和谐发展。

5月：诚信

16. 争做诚信好少年

◎ 江苏省无锡市梅村实验小学　朱勤

[班会背景]

学生进入高年级后，作业抄袭、言行不一、欺骗他人等现象时有发生，满足于一时撒谎的快乐，而丢了"诚信"，这是得不偿失的。人从小就应进行诚信教育，因为诚信对每个人来说都是一笔享用不尽的财富。"诚信"是人类社会千百年来传承下来的道德传统，是公民基本道德规范，是从个人行为层面对社会主义核心价值观基本理念的凝练。为使学生从小养成诚实守信的良好习惯，讲求信用、以诚待人，说老实话、办老实事、做老实人，提高学生的诚信意识，争做诚信好少年，我们班级决定开展以"诚信"为主题的活动。

[班会目的]

1. 通过活动，让学生了解什么是诚信，明白诚信的重要性，知道诚信是中华民族的传统美德。

2. 培养学生正确的道德观念，让学生知道诚信是人生路上一个永远的道德标准，是做人的基本要求，增强学生以德治身、诚实守信的意识。

3. 联系学生的学习、生活，对自身或他人的行为的"诚信度"具有评判能力，懂得诚实守信必须从我做起，从现在做起，落实到日常生活中。

[班会流程]

第一环节：话题导入，揭示活动主题

主持人（女）：有一种品质，它不是金子，却胜似金子。它是中华民族五千年的传统美德。

主持人（男）：它是我们远航的灯塔，指引着我们前进的方向。漫漫人生路上，它常伴我左右，不可丢弃。

主持人（女）：它，就是诚信。生活有了诚信才更加灿烂。

主持人（男）：人生有了诚信才更加迷人。

合：世界有了诚信才更加精彩。

第二环节：活动推进，铭记诚信

活动一：知识闯关识诚信。

主持人（男）：同学们，诚信知识你知多少？知识问答，现在开始！

主持人（女）：请听题——（1）"一诺千金"这个成语跟哪个历史人物有关？

答：据《史记》记载，秦末季布因"诚信"而扬名，有民谣唱道："得黄金百斤，不如得季布一诺。"这便成了"一诺千金"的由来。

主持人（女）：正确。

主持人（男）：请听题——（2）"如果要别人诚信，首先自己要诚信"是下列哪位名人说的？（ A．德莱塞　B．富兰克林　C．莎士比亚　D．高尔基）

答：莎士比亚。

主持人（男）：正确。

主持人（女）：选择题——（3）我国诚信日为（　）A．3月19日　B．6月19日　C．9月19日

答：选C，9月19日。

主持人（女）：正确！

主持人（男）：(4)"精诚所至，金石为开"出自下列哪位思想家？(　)

A．孔子　B．老子　C．王充

答：我选C。

主持人（男）：答对了！

主持人（女）：(5)"一国两制，五十年不动摇"体现了我国在处理港澳台问题上对全世界的承诺。请问，这是哪位领导人提出的？

答：邓小平爷爷。

主持人（女）：正确！

主持人（男）：这最后一题可难了，(6)你能说出5条关于诚信的名言吗？一人一次说一条！

（机动点评）

主持人（女）：看来，大家了解的真不少，是呀，诚信就是说老实话、办老实事、做老实人。

主持人（男）：可咱们小谢，似乎——

主持人（女）：怎么啦？

主持人（男）：大家请看。

活动二：火眼金睛找诚信

1. 小品表演。

人物：小谢、妈妈、刘同学、卖香蕉的商贩

时间：下午放学后

地点：学校校门外

(1)（放学铃响，小谢背着书包）

小谢：哎！真倒霉，昨天卖口香糖的找了我一张假的10块钱。不过，这可难不倒我！（边走边说）

卖香蕉的商贩：卖香蕉，卖香蕉……好便宜哦，10块钱一把！

小谢：咦！我有主意了！（欢快地奔向卖香蕉的商贩）

小谢：我要这一把，喏，十块钱，给你。

(2)（买好香蕉往回走，走着走着，绊了一下，突然看见地上有50元钱）

小谢：钱？地上捡到宝，问天问地拿不到！呵呵！

（走去车站，等车）

乘客们：车来了！（左推右挤，浑水摸鱼不给车票）

小谢：嘿！又省了两块钱！

(3)（小谢回到家）

小谢：妈妈，快坐下，快坐下，我买了香蕉给你吃！

妈妈：这么乖啊？对啦，这次测验多少分？

小谢：100分！老师都表扬我进步神速呢！（旁白：其实在后面多加一个0才100分呢！）

妈妈：这么厉害啊！快拿试卷给我看一下。

小谢：……老师把试卷在班里张贴表扬呢，所以不在我这儿。

妈妈：以后要努力保持现在的水平啊。

小谢：妈妈，老师给我们推荐了一本辅导书，才20块，我打算买。因为我的理想是——考上清华大学！（表情夸张，激昂，满怀信心）

妈妈：好儿子，有志气！来，拿着钱！

小谢：谢谢妈！

妈妈：还不赶快去做作业？

小谢：成，我去隔壁和小刘一起做！（出门，自言自语）昨天的测验卷要是给爸妈看了，他们还不进行混合双打？幸好我学签名的技术一流！

(4) 小谢：哎哟！作业还没做，幸好隔壁住着班里的学霸，找他一起做准没错！不是可以偷偷参考一下嘛。

（敲门，开门）

刘同学：小谢，有事？

小谢：是啊，兄弟，这不作业不会做，来请教你嘛。

刘同学：兄弟，在我帮你之前，你是不是该还上周欠我的10元钱了？

小谢：哎！我现在可惨啦，一分钱也没有！有钱我一定还你！

刘同学：一定还？你说这话已经是第101次了。（长叹）问君能有几多愁，我的钱恰似一江春水向东流。（边说边往门里走）

小谢：（在一旁却暗喜：嘻嘻，问妈妈要的钱又可以买零食吃了）哎，你等等我！

2. 主持人（男）：小品中的小谢有哪些不诚信的行为？

生1：拿假的10块钱去买香蕉。

五年级

生 2：捡到 50 元占为已有。

生 3：上车不买票。

生 4：欺骗妈妈。

生 5：欺骗同学。

3．主持人（女）：大家说说，长此以往，会造成什么后果？

（学生自由交流）

主持人（男）：小谢，你听到了吗？

小谢：哎哟，这是以前的我，现在我可是个一诺千金的人，我保证：说实话，办实事，做诚信人！请大家监督我！我们一起呼唤诚信！

（主持人带头鼓掌）

4．说说身边诚信的人，诚信的事。

活动三：诗歌朗诵践诚信

诗朗诵：《我们呼唤诚信》。

甲：有一种力量叫诚信，从远古的结绳记事中走来，穿越五千年华夏文明的风雨，在礼仪之邦的史册里书写了无数的绚丽多彩。

乙：有一种理念叫诚信，从人类的心灵深处走来，穿越贪欲和阴谋的篱笆，在温暖明媚的阳光下，流淌着财富与和谐的慷慨！我们，呼唤诚信！

丙：参天大树挺拔耸立，靠的是深扎大地的根默默支撑。

丁：凌云高楼气势撼人，靠的是厚重坚硬的基石无语的支撑。

甲：那么，人又是靠什么来支撑无比睿智的人生呢？

合：那就是——诚信！

甲：诚信是一朵馨香的花朵。

乙：让他人快乐，使自己陶醉。

丙：诚信是一首古老的诗歌。

丁：让他人品味，使自己高尚。

甲：面容上有自尊。

乙：眼睛里有自信。

丙：行动中有把握。

丁：生活中有朋友。

甲：一个人可以没有财富，只要他活得坦荡。

乙：一个人可以没有名望，只要他问心无愧。

合：但一个人不能没有诚信，否则一无所有。

甲：学习，因为诚信而进步。

乙：工作，因为诚信而成功。

丙：人生，因为诚信而精彩。

丁：社会，因为诚信而和谐。

合：让我们用心灵呼唤诚信，让我们的人生以诚信为基石；让我们的风采以诚信为旗帜，让诚信成为你寒冷时身边红红的炉火；让诚信成为烈日下你头顶的一片绿荫。

甲：身沐一片灿烂。

乙：心系一份执着。

丙：带着诚信上路。

丁：踏着一路风光。

合：我们呼唤诚信，拥抱诚信，坚守诚信！

甲：诚信如同一团火！

乙：诚信如同一棵松！

丙：诚信如同一面镜！

丁：诚信如同一盏灯！

合：有了诚信事竟成，有了诚信成英雄。我有诚信事事通，让我们从诚信走向明天！

班会小结

同学们通过表演、讨论，了解了诚信，体会了诚信的重要，懂得了诚信是一种美德。"人无信则不立"，我们不能让诚信离我而去。作为一名小学生，我们又应该从哪些方面努力，做一个诚实守信的人呢？老师送你们三个词："真实不欺——对他人不欺骗；表里如一——对自己不欺骗；信守诺言——说到做到，对自己、对他人负责。"

少年时期，是人生的黄金时期，是人生中至真至美至纯的时期。拥有诚信，你的世界会无限大，生活会无限好；拥有诚信，你就会美丽到永远！让我们心中时刻装着它——诚信，我们人生路上的朋友！让我们把诚信高高举起，让人人都能看见，并被她的温暖光芒吸引。

[班会延伸]

开展"诚信银行"活动。组织学生为班级"诚信银行"挂牌，制定"银行"存储规则，通过自己的文明礼仪行为为自己的"诚信银行"户头增加储金。如果有一天学生遇到了困难，可以支取自己的"诚信储备"，获得老师和同学的帮助。通过这个长期的延伸活动，努力让学生都能成为"诚信大富翁"，感受"诚信"给自己带来的精神富足。

6月：环保

17. 巴东是我家，我们都爱她

◎ 湖北省巴东县实验小学　吴娟

[班会背景]

多年来，自然界给人类敲响了警钟，全世界都在致力于保护环境。我国从中央到地方都在努力改善环境，美化家园。响应上级号召，巴东也在积极参加"六城同创"，即深入创建中国优秀旅游城市、国家园林城市、全国文明城市、国家森林城市、国家卫生城市、国家环保模范城市。巴东县地处山区，工业不发达，环境相对较好，但人们的环保意识不强，生活污染是环境发展的首要问题，政府在整治环境问题的同时，也加大宣传力度。因此，我想，环境保护从长远来看，增强人们的环保意识，提高环保素养很关键。在孩子习惯培养和形成期，对孩子进行环保教育非常必要。让环保理念扎根在他们幼小的心灵，用自己的行动影响和改变周围更多的人。我相信，每一个人的力量都是强大的。

[班会目的]

1. 通过活动，使学生了解一些环境保护知识。提高学生环境保护意识，改变一些不良习惯。

2. 学生意识到环境保护的重要性，从自己做起，从身边小事做起。以身作则，去影响更多的人自觉保护我们共同的家园。

[班会流程]

一、导入新课

导语：同学们好，很开心能和你们一起探讨关于环保的话题。今天这节班会课的主题是"巴东是我家，我们都爱她"。说到家，我们每个人都有一个温暖舒适的小家，但同时，作为巴东人，我们又有一个共同的大家，我们每个人都是这个大家中的一分子，这个可爱的大家庭也在默默地为我们提供着舒适的自然环境和生活环境，对于这个生我养我的家乡，我们一起来说说她。（围绕对家乡的了解展开话题）

二、话巴东印象

1. 自由说对家乡的印象。

师小结：很棒！同学们对巴东有一定的了解，但是，巴东还有很多方面哟！也许大家还有没有想到的，下面请我们的小小解说员为大家详细介绍一下美丽的巴东吧。

2. 巴东简介。（PPT呈现巴东风景图配解说词）

学生代表解说员上台解说巴东：巴东隶属恩施土家族苗族自治州，这里山清水秀，人杰地灵，是世界上最适合人类居住的地方之一。巴东位于中国十大名胜之一的长江三峡的中部，景观雄奇秀丽，独具特色。有享誉国内外的国际旅游景点神农溪，有"小桂林"之称的格子河石林，有古朴典雅的秋风亭，有神秘莫测的无源洞，有幽深俊美的巴人河、女人谷，还有藏在深山的铁厂荒森林公园。难怪古人也感叹："山川巴东县风景险胜中荆南"，现如今的巴东县城坐落在秀美的长江之滨，是一座美丽的现代化小城，也是长江沿岸一颗璀璨的明珠。巴东县政府正努力把巴东打造成"中国优秀旅游城市""园林城市""卫生城市""文明城市""森林城市"和"环保模范城市"。

师：同学们，听完解说员的介绍，同学们有何感想？

小结：是啊，巴东是个好地方！这里是都市人特别向往的一块"净土"，作为巴东人，我们感到骄傲和自豪。可是，在全球大气候的影响下，随着社会的发展，人口的增多，生活水平的不断提高，这块"净土"也在悄悄地发生着一些不好的变化。瞧！

三、巴东环境存在的问题

1. 由学生表演各种巴东最常见的环境污染现象。(PPT 配相应污染的图片)

  情景表演1：巴东县城车辆增多，汽车尾气排放污染着巴东的空气，一农民捂着鼻子走在大街上感叹着："这来城里一趟，闻的不是空气，尽是车子放的屁。"(空气质量下降)

  情景表演2：(1)一对母女在街上"择路"，选择绕过臭气熏天的垃圾堆而行，并由女儿发出疑问，为何垃圾都要乱丢，明明有垃圾箱却要丢在箱外？(2)轮船上，一小学生将喝完的矿泉水瓶顽皮地扔向河里，另外一学生见状上前制止。(垃圾污染)

  情景表演3：结合当地喜欢用柏树枝叶熏腊肉的习惯以及为了眼前的小利而偷偷砍树的情景，表演一场两个环保意识淡薄的农民伯伯上山砍树遭到孙子的劝阻的情景。(森林砍伐)

  情景表演4：(1)一学生将没喝完的大半瓶矿泉水随手扔掉；(2)洗手浪费水。(生活浪费不低碳)

师小结：这几位小演员幽默的表演，让人忍不住发笑，可笑过之后又不禁陷入沉思，这一幕幕情景是那么熟悉，它就在我们身边，并且还继续在生活中上演着。看到这些现象，你又有何感想？

2. 评一评、议一议。(激发学生思考，我们该怎么做)

3. 进一步反思自己的言行。

同学们说得很好，我们要当环保小卫士。那我们做得怎么样呢？

下面老师带大家走进一档节目，这节目是由小崔主持的《实话实说》栏目，要求：被邀请上节目的嘉宾回答问题时都必须说实话，你们愿意参加吗？同学们准备好了吗？

4. 针对上述巴东存在的几个贴近人们生活的环境问题展开相应的提问。

学生主持走在学生中间随机提问。(一个大方面的问题尽量涉及多个学生)

(1) 你在公共场合会把垃圾丢在地上或椅子上吗？你往江河里丢过垃圾吗？

在野外没有垃圾桶的地方，产生的垃圾你会丢在哪里？不论在家还是在公共场合，见到垃圾你会弯腰拾起来吗？你平时有分类丢垃圾的习惯吗？你们家垃圾分类吗？废旧电池是怎么处理的？（小结：垃圾有家我送它，保护环境你我他！）

(2) 你从学校到家远吗？一般是步行还是坐车？乘坐什么车？（私家车、的士还是公交车？）你家住哪里？你觉得周围灰尘多吗？空气好吗？你家有人抽烟吗？他们抽烟会顾及家人及小孩吗？他们在公共场合禁止吸烟的地方会抽烟吗？（小结：明净的天空因为废气而污浊，洁净的空气因为废气而令人窒息）

(3) 看到绿油油的草坪，你想在草坪上去躺一躺，玩一玩吗？比如巫峡广场的那个草坪，你进去过吗？你有过伤害花草树木的行为吗？比如在树上刻字、折树枝之类的行为？植树节，你种过树吗？（小结：草木绿，花儿笑，空气清新环境好！一年栽下一棵树，十年留下一片林）

(4) 你用过一次性碗筷吗？（经常用吗?）你平时剩饭吗？家里来客人了，一般是用什么杯子给客人泡茶？（是玻璃杯还是一次性杯子）你平时用水注意节约了吗？出房间会随手关灯吗？你们家家用电器工作完以后，插头会一直插在插座上不拔吗？（节能也是一种环保）

(5) 如果你平时能自觉爱护环境，那么当你发现他人（包括家人、朋友、同学）的不环保的行为，你会怎么做？是视而不见，是心中鄙夷却保持沉默，还是上前劝阻呢？（保护环境，人人有责）

教师小结：感谢同学们的实话实说，我为同学们的坦诚点赞。敢于正视自己也是一种勇气。我想刚才所有同学都在默默地回答主持人提的问题，并默默地思考着、反思着。是啊，做环保知识试题也许我们能得100分，但往往在实际生活中我们却很难及格。为什么？

（学生反思回答，预设效果：说到容易做到难，环保不仅是口号，更重要的是行动）

四、行动

1. 同学们，我想说，如果环保只是浮于理念而没有实际行动，那就是纸上谈兵，一句空话。为了家乡环境改善，我们不能停滞不前，我们应该做点什么。那么，我们可以做点什么呢？

(学生自由表达自己为环保可以做的事情)

展示 PPT 提示,可以从以下几个方面思考好办法,然后分组讨论可行的方案。

(1) 面对自己践行环保不够的,可以写下环保承诺书。做环保志愿者。

(2) 面对他人破坏环境的行为,耐心劝导,面对身边熟悉的人的不环保习惯,可以给他们提书面或口头的建议。

(3) 宣传环保知识,写环保小标语,设计环保小广告。

(4) 面对你力所不能及的大问题,给环保局长写封信说说你的发现和想法也未尝不可。

2. 以小组为单位展示想法和计划。

五、集体倡议

由班长带领全班齐读《童心环保倡议书》。

六、活动总结

同学们,环境保护任重而道远。今天,希望同学们的心中都种下环保的种子,让它在你们心里生根发芽,枝繁叶茂。环保扎根现在,绿色昭示未来,我相信,星星之火可以燎原。我想有了我们大家的共同努力,共建和谐美好的家园不会是梦想,巴东的明天因为有你们的努力一定会更加美好!

6月：环保

18. 争当环保小卫士

◎ 江苏省无锡市坊前实验小学　万菊

[班会背景]

生活条件越来越优越，学生浪费现象却越来越严重。在6月5日环境保护日到来之际，学校组织学生调查学校、社区环境状况。学生通过调查了解到：人类生存的自然环境日益恶劣，保护自然环境，维持生态平衡，已是摆在全人类面前的一个重大课题。寓教于乐的主题班会活动，使学生清楚地认识到，如果人类的生存环境遭到破坏，最终受害的将是人类自己，从而增强环境保护的意识，主动参加到保护环境的队列中。

[班会目的]

1. 了解环保的重要性，做一个保护环境的好孩子。

2. 激发学生爱护环境的情感，理解"保护环境，人人有责"的深刻内涵，从小树立环保意识。

3. 从"我"做起，从身边的小事做起，爱护环境，在生活中养成环保的习惯，树立低碳意识，节能环保，成为低碳生活的倡导者，成为低碳理念的传播者，成为"低碳生活"方式的践行者。

[班会流程]

第一环节：揭示课题，激发探究欲望

主持人甲：同学们，大家好！地球是我们共同的家园。当我们为人类文明发展创造的成果感到自豪时，却不得不面对地球惨遭蹂躏的可悲局面。这正如恩格斯百年前指出的，"我们不要过于得意于我们对自然界的胜利，对于我们的每一次胜利，自然界都报复了我们"。

主持人乙：21世纪呼唤环保意识，还秀水一片清澈，还蓝天一片纯净……这是时代赋予你我他的责任。我们只有一个地球！在珍爱生命的同时，人类更需要的是环保！

主持人合：《争当环保小卫士》主题班会现在开始。

第二环节：地球自述，感受污染严重

主持人甲：先让我们来听一听地球母亲的自述吧。

地球自述：我是地球，说圆不圆，说方不方，是一个椭圆形的球体。我的身上有海洋、森林、河流、山川、丘陵、平原。我的内脏有煤炭、黄金、白银等各种矿产，我是一个生机勃勃的被绿色植物覆盖着的球体。

主持人甲：我们祖国幅员辽阔，地大物博。有峰峦起伏的群山，有波涛汹涌的大海，祖国的山河美丽极了！我们的家乡景色优美，气候宜人。我们的学校，环境优美，是人才的摇篮。我们为拥有这样可爱的祖国、家园、学校而感到自豪。

主持人乙：可是，随着世界人口的增长，人们对自然资源的不合理利用，造成了森林、草原、耕地的减少，生态的破坏、环境的污染，导致环境质量的恶化。大地在呻吟，河流在悲歌。

下面来听听大地、沙漠、河流、森林的自述。

（学生分别饰大地、森林、沙漠、河流）

大地：我是大地叔叔。水土流失是当今人类面临的严重问题，虽然它不像洪水那样凶猛，也不如地震那样强烈，但是它却像癌细胞损害人的身体一样，我们中华大地水土流失惊人，流失面积达50万平方公里，这真是悲哀。（出示水土流失的图片）

森林：大家好，我是森林伯伯。我们为人类提供了吃、穿、住，没有我们，也就没有人类。然而人类掌握了火以后，就向自己的老家进攻了，一棵棵参天大树倒下，动物们被吓跑。（出示图片）

沙漠：我是沙漠阿姨。对森林乱砍滥伐，是造成沙漠的主要原因。现在最大

的沙漠，曾经是一片绿洲，只是由于环境破坏，才变成今天这种荒无人烟的情景。（出示图片）

河流：同学们好，我是河流姐姐，我们清澈的河流是人类生存的源泉，但是今天的我们却被污染了，人们把污水和垃圾都倒在了我们身上，给我们河流带来了难以愈合的创伤。（出示图片）

主持人甲：同学们，你们听见了吗？大地在呻吟，森林在控诉，沙漠在叹息，河流在悲歌。如此下去，我们赖以生存的地球将满目疮痍，我们人类将没有家园居住。保护地球，保护我们人类赖以生存的家园已成为当务之急。

第三环节：多样形式，学会保护环境

主持人乙：为了环境不再受到污染，为了天空能够再现蔚蓝，我们该怎么办？瞧，那边来了四个好伙伴，让我们来听一听他们有什么想法。

（甲、乙、丙、丁四生上，表演三句半《保护水资源》）

（四生下，主持人上，环保宣传小组组长跟着上，拉着主持人）

环保宣传小组组长：主持人，我是实验小学环保宣传小组组长。听了刚才的三句半，我很受教育。我校环保宣传小组最近也排练了几个小品，准备去各社区宣传环保知识，带动周围的人一起关注环保、参与环保、支持环保，现在想先表演给大家看，可以吗？

主持人乙：当然可以，大家鼓掌。

环保宣传小组组长：我们准备的第一个小品叫《上街》。（奶奶上）

孙女：奶奶，您干什么去呀？

奶奶：我上街买东西去。

孙女：奶奶，您要是买菜就拿上这个布兜吧，不要再用塑料袋了。因为塑料袋丢弃后遇风满天飞舞，影响城乡环境，而且埋在土中很难分解，还会破坏土壤，影响植物生长。动物把它当食物吃了，还会生病死亡呢。

奶奶：你懂得真多，我是想去买一些用柳条或草编制的筐或盆，好把咱们家这些塑料东西都换掉，因为这些塑料东西也会污染环境。

孙女：我和您一起去。

奶奶：好，走！（下）

环保宣传小组组长：多懂事的孙女，多明理的奶奶。少先队员们，让我们小手牵大手，上街购物都使用环保袋。你们看，那儿来了位老爷爷，这回又发生了什么事呢？（老爷爷手提鸟笼上）

女孩：老爷爷，这是什么鸟？

老爷爷：这是一只啄木鸟。

女孩：老爷爷，啄木鸟是人类的朋友，树木的医生，请您把它放回到大自然中去吧。

老爷爷：你真是个好孩子。这只鸟是我从别人手里买来要去放飞的，你和我一起去吧。

齐：小鸟，飞吧，飞吧，飞回家去找妈妈吧！

环保宣传小组组长：国庆节我的一位同学带着妹妹去公园玩，你们猜发生了什么呢？下面请欣赏小品《不再踩踏绿草坪》。

姐姐：小方，快来，姐姐带你到公园去玩！

妹妹：哎！来啦！（姐姐、妹妹上，边唱《郊游》边走）

妹妹：姐姐，我们去草坪上玩吧。

姐姐：（一把拉住小方）别进去！这些草坪是环卫工人辛辛苦苦种上的，它能起到调节气温、美化环境的作用。我们可不能随便去踩踏。还有野外的野草也不能乱拔，它能覆盖土地，保持土壤水分，减少沙尘飞扬。

妹妹：哦，我明白了。以后我再也不随便踩踏草坪了。（边唱《郊游》边下）

主持人甲：是啊，小草青青，踏之何忍？让我们时刻铭记，手下留情，足下留青。如果把这些小品带到各社区去表演，我想大家一定会深受教育的。队员们，看了他们的小品，你们有什么感想呢？请队员们以小队为单位交流一下。（队员自由交流3～5分钟）

主持人甲：刚才大家交流得非常热烈，有谁愿意发表一下自己的感想呢？（2～3个自由发言）

生1：他们的小品表演得太好了，告诉了我们许多环保知识。我们几位同学也排练了一个小快板《环保事情我知道》，下面表演给大家看。（生1、生2、生3上）

（三生下，主持人和环保宣传小组组长上）

环保宣传小组组长：你们说得太好了，欢迎加入环保宣传小组。

主持人乙：大家懂得的环保知识可真不少，刚才我见到了环保小博士，就把他请来了。下面请他给我们讲一讲。

环保小博士：嘿！大家好！我是环保小博士。首先，我给大家带来了几道环保知识题，看看大家的环保知识掌握得怎么样。同学们可以抢答，答对的同学会有一份小奖品哟。

（主持人主持抢答，环保小博士公布正确答案、发奖）

环保小博士：刚才大家答得都很好，环保知识知道得真不少。今天我还给大家带来了几位好朋友，大家看——

青蛙：嘿，大家好！我是小青蛙。大家都夸我是捉害虫的能手，是人类的朋友。希望大家以后不要再捉我们了，也不要再捉我们的孩子小蝌蚪。

蜻蜓：嘿，大家好！我是蜻蜓。

赤眼蜂：我是赤眼蜂。

螳螂：我是螳螂。

瓢虫：我是七星瓢虫。

益虫们：我们都是捉害虫的能手，是人类的朋友。

环保小博士：它们都是益虫，保护益虫也是保护环境，希望大家以后再也不要随便捕捉益虫了。好了，我就说这么多，再见！

益虫们：我们也该去捉害虫了，再见！

第四环节：调查汇报，树立环保榜样

主持人甲：为了我们自己的生存环境，为了那些可爱的动物朋友们，我们要坚持环保。从身边的小事做起，就一定会使大地更绿，天空更蓝。其实，我们班有一部分同学在开学初就自发地成立了三支环保小分队。平时，这三支小分队就默默地活跃于我们的校园、社区。今天，让我们一起来领略他们的风采。

植树小分队：我们是植树小分队队员，我们知道树木能净化空气，减弱风力，阻挡灰尘，减少噪音，所以我们经常活动于社区，向每一个居民宣传植树的意义，建议他们多多播下绿色的种子。

护绿小分队：我们是护绿小分队队员，不管是小树，还是大树，它们都是我们的好朋友，爱护它们就像爱护自己的眼睛一样。大风来了，我们急忙给它们送去拐杖；冰雪来了，我们送去稻草，让它们进入梦乡；嘴巴渴了，我们快快给它们送去"饮料"，盼望绿树长得更高、更壮。

环保小分队：我们是学校环保小分队队员，在课间，你们随处都能看见我们活动的身影。我们的誓言：认真做好值日生工作，让我们的学校卫生整洁，环境优美。

主持人乙：三支小分队为我们树立了榜样,明天的小分队将会增加你、我、他。让我们凭借自己的小手，牵动一个家庭、一个社区、一个城市、一个国家、一个地球大家园！那时候，我们的地球会是什么样的呢？

全体：是一幅非常非常美丽的图画！

主持人乙：这也是我们大家共同的心愿。我们班的小画家们把美好的心愿寄托在了小小的画纸上。请他们展现给大家看。（同学们用手中的图画在黑板上组成一幅幅美丽的图画）

主持人甲：大家看，我们的地球村美不美？

全体：美！

主持人乙：是啊,在队员们的努力下,地球妈妈发生了翻天覆地的变化。你听，地球妈妈笑了，笑得多欢哪！

地球妈妈：我的身上又重新流淌着绿色的血液,我又成了一个纯净迷人的蓝色水球体。

大地叔叔：我的身躯不再干涸，绿色已成了我的主色调，我现在壮实得像一个年轻小伙！

森林伯伯：啊哈，你们可不能再称我森林伯伯了，而要改称我为森林大叔了。枝繁叶茂、郁郁葱葱、参天大树等又成了学生们描述我们的常用词了，我现在又充满着朝气与活力。

河流姐姐：你们看我的身子多清澈透明，小鱼小虾又重新回到了我的怀抱。我每天都叮叮咚咚唱着歌儿和他们玩赛跑的游戏。

主持人乙：你瞧，沙漠阿姨羞红了脸，灰溜溜地跑了。

沙漠阿姨：哎呀呀，照此下去，我只得到别的星球上去寻找容身之处了。

主持人甲：小动物们又有了绿色的家园，他们欢呼雀跃，尽情享受着美丽洁净大自然的润泽。你看,一只顽皮的小兔子按捺不住心中的喜悦,来到如茵的草地上,又一次在同伴们的面前展示自己优美的舞姿。(舞蹈《玉兔浑脱》)

主持人甲:鸣禽欢歌,野花热舞,我们的地球大家园焕发着青春的活力!我们生在地球上,长在地球上,我们一定要建设和保护好我们的家园,让地球上的环境更美好,天更蓝,水更清,山更绿。

主持人乙:让我们像小树苗一样在阳光沐浴下,在地球这个大家园里茁壮成长。

主持人甲:让我们携起手来共同描绘家园的美好蓝图,人人争做绿色小卫士,永远热爱我们的地球妈妈。(小合唱《热爱地球妈妈》)

主持人乙:地球只有一个,我们的地球妈妈不能再受到创伤了。最后,让我们时刻铭记:保护地球妈妈是我们的责任,人人参与,做一个优秀的环保小卫士,留住地球妈妈美丽的容颜!

主持人合:《环保小卫士》主题班会到此结束。

班会小结

同学们,今天的主题班会开得很好,老师很受感动。你们小小的年纪就懂得了这么多的环保知识,老师非常高兴。希望你们能把这些环保知识运用到生活中去,真正做到保护环境从我做起。在学校营造一个干净整洁的校园环境,在校外带动身边的人参与环保,洁净一个社区,一个城市,一个国家,乃至整个地球。到那时,我相信,我们的家园一定会像你们画的那样,天更蓝,水更清。

[班会延伸]

开展"社区环保"活动。将环保宣传活动延伸到社区,把宣传倡议带到社区,带领学生参加社区的环保实践活动,小手拉大手,从学生所在社区的家庭做起,开展系列活动。

六年级

恩师
岗位
阅读
心态
人生
成长
远方

六年级

六年级,这是小学生活的最后一年,"感恩、成长、足迹、展望"是四个最为重要的关键词。

感恩:母校、老师、同学,有许多人和事值得铭记。成长:书香漫润的六年,用来书写自己的精神成长。足迹:小学六年,从懵懂学童到风华少年,每一步都令人惊喜。展望:毕业不是结束,意味着新的生活即将开始。告别小学,开启中学之旅,每个人都将意气风发。

9月：恩师

1. 感恩成长，拥抱未来

◎ 广东省佛山市南海区石门实验小学　叶秀梅

[班会背景]

到了六年级，同学们一定都有很多话想说，想对父母说，想对老师说，想对同学说，也想对未来的自己说。该说些什么呢？选择这样一个时机，给学生一个表达的机会，既是给自己鼓劲，也是缓解心理压力的一个渠道。

[班会目的]

1. 让学生感悟在成长过程中，父母、老师和同学为自己付出的努力和关爱，学会释放自己的情感，用行动表达感恩之情，把对他人的爱和感激之情表达出来。

2. 激发学生对未来美好的生活和学习的热爱，引导他们畅谈对未来的展望。

3. 让学生学会用感恩之心留住美好的回忆，用拼搏的精神为绚丽多彩的未来奋斗，塑造学生健全的道德品格。

[班会流程]

班会导入

主持人甲：亲爱的同学，大家好！我们沐浴着爱的阳光长大，我们在真情的雨露滋润下成长。

主持人乙：青春是生命最美好的绽放。

主持人甲：正是父母伟大的爱，老师们无私的爱，同学们热情的关爱，让我们一路欢声，一路笑语，我们一起走到了六年级。

主持人乙：我们在关爱和照顾中长大，我们有很多很多的话想对大家说。

主持人甲：面对美好的未来，我们也有话要说。今天，就让我们来一场真情告白吧。

主持人合："感恩成长，拥抱未来"主题班会现在开始。

第一环节：爸爸妈妈，我想对您说

主持人甲：有一种爱，不是一段文字所能表达的，它就像江水一样，滔滔不绝。

主持人乙：它如同海水一样，永不干枯。

合：那就是父母对我们的爱，一种血浓于水的亲情。

主持人甲：父母给了我们生命，抚养我们长大成人。

主持人乙：父母不辞辛劳地操持着家务，还要赶着上班工作，心里却时刻牵挂着我们的一切。

主持人甲：这一切的一切我们怎能忘记。下面让我们一起跟随着照片，回忆一下父母对我们无微不至的关爱和照顾。

（通过课件播放父母在家照顾孩子的照片，配歌曲《烛光里的妈妈》）

主持人乙：我们的父母无微不至地关怀我们，为我们操碎了心，让我们健康、快乐地成长。

主持人甲：世界上有一种琐碎的爱，叫母爱，琐碎之中，爱在荡漾，爱在澎湃。

主持人乙：世界上有一种宽容的爱，叫父爱，像高山似大海，包容着一切。

主持人甲：只要我们有一颗细腻的心，仔细去体会，慢慢地感受，我们就会发现，我们生活在爱的海洋里，拥有的爱比天上的星星还要多。

主持人乙：同学们，爱，要说出来。下面，请大家拿出自己精心制作的感恩卡，在上面写下我们对父母的爱和感恩吧。

主持人甲：写完的同学请站起来，大声说出你对父母的爱。把爱和感恩带回家，送给父母。

（播放音乐《我爱我的家》）

第二环节：老师，我想对您说

主持人乙：父母对我们的爱恩重如山，但在成长过程中，同样少不了的是老师们无私的爱。

主持人甲：秋天的阳光如此灿烂，秋天的校园如此深情。似滴滴雨露滋润着我们求知的欲望，似缕缕阳光温暖着我们心中的希望。

主持人乙：我们获得的每一点知识，我们取得的每一次进步，都渗透着老师的汗水和心血。让我们用最真挚的感情，把最动人的诗篇送给我们敬爱的老师。

主持人甲：请同学们一起朗诵诗歌：《谢谢您，老师》。

（略）

主持人甲：让感恩伴我们一生，衷心地感谢我们敬爱的老师们。今天让我们真诚地、大声地说一声：敬爱的老师，感谢你们，你们辛苦了！

主持人乙：同学们，无数次的提问和回答中，无不透露着老师对我们的爱。今天，就让我们把对老师们的爱说出来吧。

主持人甲：首先，请大家在祝福卡上写下你想对老师说的话，然后请同学和大家分享。

（播放音乐《老师的爱》，同学们写好后，邀请4～6个同学分享，然后这些同学把祝福卡贴到黑板上的祝福树上）（给老师一个拥抱）

主持人乙：让这感恩之心永远长驻我们的心中。让我们带着对老师的感激和祝福，把我们的话贴到祝福树上来吧。（播放音乐《每当我走过老师的窗前》）

第三环节：亲爱的伙伴，我想对你说

主持人甲：父母的爱是阳光，老师的爱是雨露，如春风化雨——给了我们无尽的力量。我们像不同的鲜花，点缀着美丽的家园。

主持人乙：在我们身边，还有和我们朝夕相处的亲爱的小伙伴们。因为他们，我们获得了帮助，也学会了助人。

主持人甲：因为他们，我们克服了很多困难，也学会了做一个坚强的人。

主持人合：亲如家人的伙伴们，让我们起立，和身边的伙伴来个热情拥抱，互相道一声"谢谢"！

主持人乙：今天，有几位小伙伴为大家准备了一个小品，掌声欢迎《不一样的帮助》。

主持人甲：是啊，关爱和帮助有很多方式，小品中的A真是我们的好伙伴，是真心的朋友。谢谢表演的同学带给我们的欢乐。

主持人乙：六年级了，我们很快就要和身边亲爱的小伙伴们道别，踏上学习和生活的新征程。

主持人甲：大家一定也有很多话想对伙伴们说吧。今天，舞台是属于你们的。来吧，让我们对小伙伴们来一场真情告白。

（请一些同学出来谈谈自己对伙伴的感恩）

主持人乙：世界需要一颗感恩的心，因为感恩，世界才会美丽；因为感恩，我们的心灵才会变得美好。

主持人甲：因为感恩，我们的生活才会变得充实，让我们怀着一颗感恩的心，去感谢生活中的点点滴滴吧！

主持人合：让我们携起手来，怀着一颗感恩的心，走向美好的明天。

第四环节：未来，你好

主持人乙：同学们，我们的茁壮成长离不开祖国、父母、老师，离不开我们身边的朋友、曾经帮助过我们的人！

主持人甲：同学们，我们的成长，更离不开我们自己的努力和奋斗。

主持人乙：我们很快会告别小学生活，成为一名中学生。学会感恩，让我们拥有幸福和快乐；学会努力，我们会拥有更加美好的未来。

主持人甲：今天的我们，是一群稚气未脱但意志坚定、愿意迎难而上的雏鹰，他日，我们一定会成长为在天空中翱翔的雄鹰。

主持人乙：我们亲爱的爸爸妈妈和敬爱的老师们，给我们带来了一份惊喜的礼物，让我们一起拆开礼物吧。

主持人甲：看了父母和老师对我们的祝愿，大家一定很感动，也很激动吧。

主持人乙：今天，就让我们一起畅谈未来吧，同时我们也送给未来最真挚的祝福。

（有请4～6名同学出来分享他们对未来的展望）

主持人甲：未来，我们一定会成为有用的人，让我们一起努力吧！

主持人合："感恩成长，拥抱未来"主题班会到此结束。

班会小结

你们深情的表白和用心的演绎都给我们留下了深刻的印象，你们的真情，感动了在座所有的老师。作为班主任，我心里也涌起一份真实的感动。我相信通过这次活动，同学们不仅会对自己的父母，而且对老师、朋友，甚至对生活中所有关心你的人，都拥有一颗诚挚的感恩之心，更会有感恩的行动。同时，大家对未来的美好展望，也让我似乎看到了一只只在天空中翱翔的雄鹰，你们真棒！

[班会延伸]

每一位同学：

1．有一颗感恩的心。

2．对未来充满信心。

3．更加热爱这个集体。

10月：岗位

2. 小小岗位，人人有责

◎ 广东省佛山市南海区石门实验小学　丁凤英

[班会背景]

六年级的学生自我意识增强，开始不服从班干部的管理，而班干部有时候也碍于情面不敢进行管理，这种情形使整个班级的纪律意识下降，凝聚力也开始逐渐减弱。

[班会目的]

1. 让学生认识到，服从集体的管理对自己非常重要。

2. 进一步强化班干部的责任意识和规则意识。

3. 让学生明白，优秀的集体对于每个人的价值，引导同学共同维护良好的班风。

[班会流程]

班会导入

导入：小情景　大智慧（提出问题，引发思考）

情景：上课铃响了，教室里乱哄哄的，黑板没有人擦……

铃声响了，老师走进教室，同学们开始表演教室混乱的状况，直到老师开始走上讲台。

老师提问：亲爱的孩子们，刚才上课你们经历了什么？问题出在哪呢？

生1：教室里乱哄哄的，大家都没有按照课前的规矩来做。

生2：黑板没有人擦，纪律乱糟糟也没有人管。

师：是的，面对这么混乱的场面，我们该怎么办呢？

生：我们需要一些规则，或者维持纪律的人——班干部。

师：大家说得真好！接下来我们开始今天的主题班会。看看我们的班干部都能为我们做些什么？

感悟活动

活动一：小岗位，大职责（明确目的，清晰责任）

游戏：请你说说我是谁。（提前准备好岗位名称的游戏卡）

每个小组请一位同学到舞台前面，由表演者抽取卡片进行描述或者肢体表演，小组代表来猜一猜这个人是什么岗位的班干部。

师：大家玩得开心吗？

生：开心！

师：那大家还记得每个岗位的职责吗？他们都能为我们做些什么呢？

活动二：小活动，大作用（明确责任意识）

请大家分组讨论岗位名称，做好班干部职责记录卡，然后请小组展示！评选出记录最全的和布置最美观的小组。

小组活动：1. 制作班干部职责记录卡。

2. 评选。

3. 张贴在公告栏。

活动三：小委屈，大思考（将心比心，解决问题）

精美的岗位职责表已经做出来了，我们平时也有这些岗位，可是大家却有说不完的委屈，那么大家来听听"小岗位们"委屈的心声。

播放视频："小岗位"的烦恼。

班长：述说自己管理班级时遇到的郁闷和无助。

学习委员：述说作业本收不齐，催交作业时的烦恼。

体育委员：述说排队行进时不守纪律、不排队的时候，屡叫不听的苦恼。

师：面对班干部的"烦恼"，请大家一起帮忙想想办法，说说你的好建议。

我对小老师的建议是：（　　　　　　　　　　）

我对不守纪律的同学的建议是：（　　　　　　　　　　）

（学生发言）

师：其实所有的问题都在于遵守规则和沟通，如果我们换位思考一下，大家就更能体会各自的感觉和难处！更重要的是，班干部们对我们的班级起到了很好的管理作用。接着我们来夸夸他们，感谢他们对我们的帮助。

活动四：小纸条，大感恩

（树立班干部的威严，培养班干部的责任意识和其他同学的规则意识）

班干部们：对支持和鼓励自己工作的人写下感谢的话，以及更好为班级服务的承诺。

同学们则将自己想说的话写在爱心便笺上，送给想感谢的人！

通过这个活动，让大家感受到尊重是相互的，责任有人担当，规则也需要有人遵守。

活动五：小约定，大责任（强化规则意识和责任意识）

师：孩子们，今天我们明确了岗位的重要性，也知道了班级管理需要尽职尽责的班干部和积极配合的同学们，只有这样才能形成一个团结向上、班风学风浓厚的班集体！大家有信心做好吗？

生：有！

师：那我们一起来一个约定：认真做好每一件事，做个有责任心、有规则意识、爱班级、爱学习、积极向上的好少年！

（全班同学在班规制定章程约定签名纸上郑重签名）

班会小结

孩子们，班级每一项工作就是一个岗位，岗位是一种荣誉，更是一种责任和使命。班干部是我们的服务者和管理者，而同学们则是班级的小主人，只有每位同学都做好自己的本职工作，我们的班级才会变得越来越优秀，大家才能在这样的班级受益！

[班会延伸]

每一位同学：

1. 开展我为班级做件事，争当班级小主人的活动，小组进行评价。

2. 颁发责任卡和规则卡，每天都请孩子们轮流上岗，共同参与班级管理。

3. 认真做好每一件事，为班集体争光，争取获得每月的五星级文明班。

11月：阅读

3. 向经典致敬

◎ 黑龙江省哈尔滨市香坊区凤华小学校　芦珊

[班会背景]

可能有部分六年级学生阅读兴趣不高，阅读量也比较少；部分同学能够有阅读的需求，但不会筛选书目；有的学生可能会既有热情又有能力，需要进一步提升阅读能力。另外，六年级作为中小学过渡学年，学生要为初中的学习积累丰富的知识，读经典也能够增加学生知识面，对人、事、物有正确的观点和看法，通过爱读书爱上学习、爱上生活。针对学生的阅读状况和学习情况，我们通过"向经典致敬"的班会，在个体读书的基础上，通过共读，进而让学生热爱生命，热爱生活。

[班会目的]

1. 以班会为契机，培养学生读好书、好读书的习惯。
2. 多种形式读书，激发学生读书的兴趣。
3. 引导学生正确地选择好书，与经典对话。
4. 通过班会引导班级形成良好的读书氛围。

[班会流程]

一、准备阶段

1. 了解"经典"。

经典：指具有典范性、权威性的；经久不衰的万世之作；最能表现本行业精髓的；最具代表性的；最完美的作品。

介绍世界100部经典名录。

2．小调查。

班级学生阅读状况调查。（阅读兴趣，阅读内容，阅读数量……）

3．经典推荐。

(1) 提前布置读书推荐内容，进行个人推荐，在小组内进行交流。

(2) 小组推荐——小组代表推荐经典。

(3) 全班汇总——确定共读经典的名目。

4．布置任务。

(1) 设计读书单，完成读书笔记和读书心得。

(2) 以小组为单位，选择书中的部分内容进行表演，形式不限。

(3) 结合所阅读经典的内容，编写题目与答案。

(3) 共同制定评价标准。

(4) 确定读书会汇报的时间。

二、向经典致敬——读书汇报

(一) 经典分享篇

1．读书单展示。

2．读书单传阅，可以将思想共鸣或不同观点填写在旁边空白处，彼此碰撞。

3．小组内交流对经典的阅读感悟。

[设计意图]

英国有句谚语：一千个读者就有一千个哈姆雷特。中国有句古语：仁者见仁，智者见智。每个学生在读书时都会有自己的感悟，笔尖的交流和对话交流同样重要。在对话交流中，学生交换思想，对"经典"的理解更深，思考问题的角度更广。

(二) 经典表演篇

1．以小组为单位表演（诵读、角色扮演、课本剧、作者自述……）

2．根据评价标准进行多元评价，提出建议和意见。

3．评选个性化的"最佳"。

[设计意图]

通过对经典的表演，激发学生阅读经典的兴趣。为了能够完成表演，学生在读书时一定要反复推敲、琢磨，并通过自己的表演表达思考与感悟。这样的形式对学生读书有很好的促进作用。

（三）经典问答篇

1．以学生编写的题目为主，进行经典问答环节。

2．多种形式答题。（必答题、抢答题、抽签答题、小组共答……）

3．进行"个性化评价"。

[设计意图]

学生对题目的编写过程本身就是读书与思考的过程，通过问答的形式进一步激发学生阅读经典的兴趣。

（四）总结——向经典致敬

1．通过本次读书汇报，交流"经典"为何经典。

2．分享自己在向经典致敬的过程中的改变、提升、感悟。

3．同学们，与书为伴亦美哉。向经典致敬，与经典为伴，丰富思想，感悟生命。让经典浸润心灵，让书香伴你成长。

[班会延伸]

1．列出阅读经典的时间计划表，并布置下一次经典阅读篇目，按照此次活动准备。

2．制作一期"向经典致敬"的读书宣传小报。

11月：阅读

4. 书籍——我的穿越宝器

◎ 广东省佛山市南海区石门实验小学　赵亚庆

[班会背景]

随着时代的发展和社会的进步，同学们接触信息的渠道越来越广，手机、电脑逐渐成为孩子们获取外界信息知识的主要手段，从而改变了以往主要以阅读书本为主的知识信息获取途径。但同时，整本书阅读是极其重要的。

[班会目的]

1. 通过活动让学生明白阅读对自己人生的重要性。

2. 引导学生选择合适的书籍阅读，在班级营造积极浓厚的阅读氛围。

[班会流程]

活动导入：

师：同学们，我们看过很多关于穿越的电视剧，如果给你机会可以穿越，你愿意吗？你最想穿越到哪个时间段呢？最想了解什么呢？

生1：我想穿越到古代，去了解古人们的生活方式。

生2：我想穿越到未来，去了解未来社会会发展到什么样的程度。

师：大家的想法都很好，可是现实生活中我们真的可以穿越到过去或未来吗？

生：不可以。

师：那我们可以通过其他的方式去了解过去，预知未来吗？

生：可以通过阅读历史、科技类等书籍来了解。

师：是的，同学们回答得非常好。书籍不仅可以带我们穿越到过去，了解历史的扑朔迷离，还可以带我们穿越未来的星河，预知神奇的未来生活。所以书籍对我们非常重要，今天这堂课就让我们一起来穿越时空，了解阅读的意义。

第一环节：感受读书之用

师：同学们，我们从三岁就开始上幼儿园，接着上小学、初中、高中、大学……可以说我们人生最好的年华都是在学校度过的，那你们知道我们为什么来学校吗？

生1：为了读书。

生2：为了学习知识。

生3：为了改变自己的生活。

师：是的，我们来学校就是为了读书，而读书正如同学们所说，不仅可以让我们了解古今中外的知识，还可以改变我们的生活。

师：接下来请大家欣赏寒假期间《中国诗词大会》的巅峰对决片段。

师：看完视频之后你有什么感受？

生1：我觉得他们读了很多书，很厉害。

生2：虽然有人失败了，但是他们很开心。

生3：他们都读了很多书，很有气质。

生4：中国古代的诗词很优美。

生5：他们积累了很多诗词。

师：培根曾经说过，读书给人以快乐，给人以光彩，给人以才干。多读书不仅可以增加我们的知识积累，还可以让我们穿越古今和古人对话，陶冶我们的情操。希望同学们也可以多读书，丰富自己的头脑，不断积累，改变自己的生活。

第二环节：分享读书之乐

1. 交流增强认识。

师：同学们在日常生活和学习中也经常读书，现在请大家在小组内交流一下自己读的最好的一本书。（同学们以小组进行交流，教师巡视收集学情）

2. 分享引发思考。

师：同学们刚才的交流非常精彩，有哪位同学愿意上台和大家分享一下？

（选择两三位同学进行分享。）

师：感谢这些同学的分享，看来读书不仅给大家带来了知识，还给大家带来了无穷的乐趣。

第三环节：排除读书之困

1. 分享读书之惑。

师：但是除了乐趣之外，我们在读书的时候也会遇到很多困惑。我们的统计结果显示，困惑主要两个：

(1) 图书种类太多，不知道读什么书好。

(2) 读了书之后记不住，感觉用不上。

师：接下来我们先解决第一个难题，如何选择图书？大家有什么好方法吗？

生1：询问老师。

生2：询问书店管理员。

生3：在网上查找书单。

生4：通过作者找书籍。

2. 解决困惑良方。

师：同学们真厉害，通过大家的集体智慧，我们想到了很多解决办法，今天老师也给大家送来了一份神秘大礼，就是清华大学附小的校长给大家推荐的适合我们读的书籍。

（将读书清单发给学生）

师：通过大家的一起努力，我们解决了第一个困惑。接下来我们看第二个——读了书之后记不住，感觉用不上。大家有过这样的感觉吗？

生：有过。

师：有没有办法解决这个问题呢？

生1：多读几遍。

生2：请教老师。

生3：在网上查询。

师：同学们说的方法都很好，老师也给大家分享一位名人的读书方法，他就是毛泽东。"三复四温"式阅读和"不动笔墨不读书"是他主要的读书方法。他在青年时期就熟读了《史记》《汉书》等古籍，并且不断地重温；就是到了晚年，对他喜爱的同一本史书，也是反复研读，并有读过一遍书在封面划上一个圈作记号的习惯，所以，在他读过的许多书籍中，均留下了他读过两遍、三遍的圈记。毛泽东在青年时代读书时即有"读得多，想得多，写得多，问得多"的习惯。他的写作多表现在内容摘录，在重要的地方划上圈、杠、点等符号，作批注以及写读书日记，在原书上改错纠正。

师：那么我们读书只是为了使用吗？

生：不是。

师：是的，读书不仅可以帮助我们下笔时如有神助，还可以陶冶我们的情操。唐太宗说过，以古为镜可以知兴替。他从书籍里面找到了治国的方法。同样，我们也可以从古今的书籍里找到做人做事的行为准则。图书穿越古今，为我们的生活打开了一扇窗。

第四环节：体悟读书之美

1. 欣赏视频：《马可·波罗行记》的影响。

师：《马可·波罗行记》这本书，直接或间接地开辟了中西方直接联系和接触的新时代，也给中世纪的欧洲带来了新世纪的曙光。事实已经证实，《马可·波罗行记》给这个世界带来了巨大的影响，其积极的作用不言而喻。一本书改变了时代发展的轨迹，这就是书籍的美妙之处。

2. 教师总结：同学们，读书不仅可以让我们穿越过去、未来的长河，改变自己的生活，还可以贯穿整个寰宇，促进历史的发展，让我们一起让阅读来改变生活，改变世界吧！

12月：心态

5. 成长的烦恼有方法

◎ 广东省佛山市南海区石门实验小学　胡中英

[班会背景]

对于六年级的孩子来说，生活中充满了光明，美丽的花朵、灿烂的阳光、鲜活的生命，世界在他们的眼中是如此美妙而富有生机。可是成长的烦恼也有很多：有个性的弱点，也有外在的重压；是缺少关爱的孤独，还是远离朋友的寂寞；是该一切继续听从父母，还是有自己的主见……

孩子们这些成长的烦恼，常常被我们这些父母和老师有意无意地忽略。岂不知：处于成长期的孩子内心极度渴望我们的指导。为了和孩子共同面对这些成长的困惑，并对其进行相应的引导，我特意准备了此次班会。

[班会目的]

1. 通过组织，引导学生就"成长的烦恼"展开讨论，增强他们对健康成长的认识。

2. 通过多方位、全角度引导孩子们积极看待成长的烦恼，勇敢地直面成长。

[班会流程]

班会导入

（主持人甲、乙）

主持人甲：尊敬的老师们。

主持人乙：亲爱的同学们。

合：大家好!

主持人甲：童年时代的我们是最快乐的,生活中的一切都是那么的快乐和美好,我们有爱我们的父母和老师,有互敬互爱的同学和朋友。

主持人乙：我们拥有无穷的力量,可以"变身"成为奥特曼,打倒小怪兽。我们拥有无尽的想象力,校服上的衣兜可以想象成哆啦A梦的百宝袋。

主持人甲：我们还拥有奇特的创造力,可以把一堆石块砌成一座宏伟的城堡。

主持人乙：可是,随着日子匆匆流淌,岁月在悄悄中增长,青春正匆匆向我们迈进,花季渐渐离去,雨季悄悄走来,我们心中的烦恼也随着成长悄然而至。

主持人甲：俗话说"人生不如意事十常八九",我们其实有好多的烦恼要和大家倾诉。今天,我们借这次班会活动,希望大家打开心窗,将你的烦恼一吐为快。

一、说说"我的烦心事"

主持人甲：俗语说"一人计短,多人计长"。现在请每位同学把你的烦恼写在纸条上,让我们看看身边是否有人能帮我们解决这些"困惑"!

1. 引导学生拿出纸笔,写出自己最近遇到的烦恼事。

2. 学生小组交流。

3. 展示部分孩子的"烦恼"。(注意隐去个人隐私)

4. 归纳总结学生烦恼的种类。(大屏幕展示)

(1) 学习成绩的压力。

(2) 有关与父母、朋友相处的问题。

(3) 青春期朦胧情感的困惑。

(4) 对自身形象不够满意引发的烦恼。

5. 引导学生对突出问题进行分析并思考解决办法。

二、共商"烦恼解决良策"

主持人甲：哦,不想长大,就隐藏着烦恼呀,像这样不如意的事在生活中可数不胜数呢!

主持人乙：就是呀,生活中的烦恼处处皆有,逃避无益于问题的解决,让我们一起讨论怎样解决"烦恼的良策"吧!

(1) 短剧《黑色的双休日》。

爸爸：孩子，今天是双休日，好好趁着今天提高一下你的英语单词，你来背一背这四个单词，然后我来听写！

（40分钟后）

妈妈：孩子，趁休息的时间好好提高你的字词记记，背这4个单元的新字词，然后我来听写！

（40分钟后）

爸爸：孩子，你的数学非常薄弱，这一周的考试错了一题，来吧，我再给你讲一讲。

（一个小时后）

妈妈：宝贝，你今天好棒啊！学习那么勤奋，妈妈带你出门去玩一玩好不好？来，我带你去看周老师，我们练琴去。

孩子非常失落的样子……

主持人乙：哎，你看，小品中的孩子可真是够惨的，你是不是在他的身上看到了自己的影子？这样的烦恼你会怎样解决呢？

（组织学生讨论，并提出解决的方法）

主持人甲：今天大家倾诉了自己的烦恼事，并解决了，是不是很开心！其实我们的同学都是"智多星"，相信凭我们群策群力，会想出更有实效的金点子来帮助同学解决这些烦恼。请同学介绍解除烦恼的好方法、好点子。

主持人甲：请看短剧《困惑》，是否在他们身上看到了你的烦恼？

(2) 情景剧《困惑》。

情景：小红和小明正在讨论题目。

旁白：小红和小明是一对好朋友。瞧，他们正在讨论题目呢！

情景：两人认真地讨论题目，门外来了几位同学，一看到两人在讨论题目马上起哄："××同学喜欢××同学"，"××同学和××同学是一对的"。嘲笑声此起彼伏。

主持人乙：欣赏了小品之后，你对剧中人物的言行有何感想？

同学们纷纷发表自己的看法。通过同学们的讨论、分析，我们再来听听剧中人物的感想。

主持人甲（总结）：正常的男女同学交往，有助于我们学习，有助于我们身心健康，健康的异性交往是值得肯定的。大家的意见也是一致的。男女同学的正常交往，可以增进团结，可以优势互补。常言说得好，"男女搭配，干活不累"，很有心理学道理。但是，同学们的异样眼光会让我们的正常交往蒙尘，希望同学们能用平常心对待正常的男女同学交往，在班集体里洋溢健康快乐积极向上的氛围。

主持人甲：有了烦恼，就得想办法解决，如果不解决，烦恼会越积越多，就像大山，会让我们承受不了，严重的还会影响我们的生活、学习。如何解决呢？请看短剧《同学之间》。

（3）短剧《同学之间》。

一同学 A 在教室里发呆，另外走进一同学 B，走进的同学 B 想和同学 A 开玩笑，就在后面悄悄地吓同学 A。哪知道同学 A 忽然发脾气，两人打起架来，后来经过其他同学的劝架，同学 A 说出正在烦恼的事情，几个同学帮他出谋划策解决。

主持人甲：刚才这个小品中同学之间的矛盾是如何解决的？

生答：找人倾诉、主动和解等。

主持人乙：遇到不开心的事情时，该怎样调整自己的心态？你是怎样让自己开心起来的？同学之间的矛盾我们可以通过找别人倾诉去解决，那么在现实生活中你遇到烦恼又是如何去解决的呢？能结合自己的事例说说吗？

学生总结：

①做自己喜欢的事；看看自己开心时的照片，多想想生活中快乐的瞬间。

②多想想别人的好处，听听音乐，唱唱歌。

③看看漫画；经常与家人、同学、朋友在一起，谈心、玩耍。

④到没有人的地方大声喊叫，在劳动创造中体会快乐……

三、感悟"烦恼启示"

主持人甲：下面请听诗朗诵《假如生活欺骗了你》。

假如生活欺骗了你

假如生活欺骗了你,
不要悲伤,不要心急!
忧郁的日子里须要镇静:
相信吧,快乐的日子将会来临!
心儿永远向往着未来;
现在却常是忧郁。
一切都是瞬息,一切都将会过去;
而那过去了的,就会成为亲切的怀恋。

主持人乙:无论成长中有多少烦恼、困难和坎坷,我们都要像普希金一样,怀着一颗乐观的心坚强地度过。

老师:昨天的烦恼或许你已经通过倾诉摆脱了,或许还藏留在心中,无论如何,今天的烦恼无法躲避,明天的烦恼仍在延续,烦恼伴随成长纠缠着我们。请同学们记住,烦恼既不能延长今天,也买不来明天。与其在烦恼中度过,不如开开心心让大家看到一个快乐的你!

四、教师小结

这些能使自己经常开心的方法真好,生活中能给我们带来快乐的办法可多了!面对复杂的生活,我们应该用积极的办法去调整好自己的情绪,使自己少一些烦恼,多一些快乐。

12月：心态

6. 阳光心态看"影视"

◎ 广东省佛山市南海区石门实验中学附属小学　肖婷

[班会背景]

影视剧为我们创造了精彩的娱乐时空，提供了丰富的信息资源。它也成为学生学习知识、交流思想、休闲娱乐的重要平台。不过，影视剧和其他事物一样，都有两面性，其中一些不良内容也极易对学生造成误导和伤害。今天，我想通过这节班会引导同学们学会甄别筛选，充分利用影视剧的积极影响丰富生活。

[班会目的]

1. 通过积极交流，让同学们清楚地认识到影视剧需要甄别和筛选。
2. 通过正面引导，引导学生积极面对影视剧，丰富自己的人生。

[班会流程]

班会导入

问题激趣：同学们，你们平时喜欢看电影电视吗？

今天老师从之前的调查中收集了一些具有代表性的电影，看下面的图片，你知道是什么电影吗？

（通过熟悉的镜头，激发学生讨论的兴趣）

活动一：说一说　猜一猜

（一）说一说：我们喜爱的电影电视。

引导：片名、人物、情节给你了什么启示？

六年级

（每一部影视剧作品都有一些经典人物或情节给我们留下深刻的印象，甚至产生深远的影响）

(二) 猜一猜：他们是谁？

游戏规则：

1．参加游戏的同学两人一组，共五组，游戏顺序由抽签决定；

2．两个同学面对面站，一个面朝幻灯，一个背朝幻灯；

3．面朝幻灯的同学根据幻灯所提示的影视剧中的人物，模仿动作、表情或者经典台词；

4．直接说出名字或带名字里的字，属于犯规，取消资格，限时一分钟，猜对组获胜。

活动二：聊一聊中国影视发展史

中国影视发展的回顾：

1．中国电影从无声、单机、黑白影片到高科技、大投入、环绕立体声巨幕电影，乃至全球最有影响力的电影节。

2．1905年，中国第一部电影《定军山》在北京丰泰照相馆诞生。

3．1945年抗战胜利，憋了一肚子劲儿的电影人拍出了一批以《小城之春》为代表的杰作。

4．1950年，列宁和斯大林同志说着一口东北味儿普通话的影片《列宁在十月》上映。从此，配音译制片变成中国电影的重要组成部分。

5．1993年，10部"分账大片"的引进和1999年中美谈判结束，给尚处于懵懂之中的中国电影业上了"市场"的一课。

6．2001年，华语电影《卧虎藏龙》冲进奥斯卡，斩获多个奖项。

活动三：辩一辩影视剧的利与弊

分小组辩论：

1．在辩论时不要随意打断别人的话；

2．不可进行人身攻击；

3．普通话不标准的适当扣分；

4．辩论中，辩手可以使用道具、图表和物品作为辅助手段以强化自己的陈辞。

教师引导：影视剧是把双刃剑，有利有弊，只要我们懂得如何取舍，远离一些负面影视剧带给我们的消极影响，多吸收有内涵的影视剧带给我们的积极影响，那么现代的科技发展必将是利大于弊。

教师小结

现在的影视剧，真的像一杯迷魂药，对于同学们来说，有着非常大的吸引力。如果大家可以克制自己不去看那些负面的，把看电视的时间省下来写博客、学习、看书，我相信你们一定会受益匪浅！

课后延伸

与家人共同看一部电影，共同聊一部电影。

12月：心态

7. 笑对挫折

◎ 广东省佛山市南海区石门实验中学附属小学　林子琪

[班会背景]

现在很多孩子都是家里的宝贝，父母把孩子捧在手心里，全部事务包干，怕磕着碰着，事事顺着孩子，非常溺爱。造成孩子在学校不懂得自理，一碰到困难不会解决，就只会哭泣，甚至对别人随意发脾气、拳打脚踢。

直面挫折的能力是每个孩子必备的生存能力，为了让孩子们更好地直面挫折，特准备此次班会。

[班会目的]

1. 让学生了解挫折在人生路上是不可避免的，要提高挫折承受力。

2. 学生要树立信心，让挫折成为自己向上攀登的垫脚石。

3. 引导学生能够正确对待挫折，掌握战胜挫折的方法。

[班会流程]

班会导入

同学展示一个物理实验：在讲台上放三个透明电热水壶，第一个水壶放入一个新鲜的胡萝卜；第二个水壶放入几个鸡蛋；第三个水壶放入已经磨好的咖啡粉。

让同学们观察变化。

师：大家看看，他们原本是怎么样的？

生1：胡萝卜比较坚硬，鸡蛋很脆弱，咖啡粉是粉末状的……

师：现在，水热起来了。描述如果你是胡萝卜、鸡蛋或咖啡粉，你有什么样的感受？

生1：暖暖的很舒服。

生2：越来越烫了。

生3：很烫很煎熬。

十分钟后把材料取出。

师：你有什么发现？

生1：发现胡萝卜本来是硬的，但现在变软了。

生2：鸡蛋的里面本来是软的，但现在变硬了。

生3：咖啡粉不见了，但是水变了颜色而且有香醇的味道。

活动一：观察与发现

师：从面对挫折的角度考虑，把开水当作挫折，你从这三样物品中，获得了什么启示？比较三样东西水煮前后的性质变化。

生1：我们要勇敢面对挫折。

生2：挫折对我们影响很大。

师：我们可以像胡萝卜，一开始，我们强而有力，结束时，我们沮丧且虚弱。我们可以像鸡蛋，一开始，我们柔软且敏感，结束时，我们没了知觉，失去同情。我们可以像咖啡粉，水并不会改变咖啡的粉末，而是咖啡的粉末改变了水，咖啡粉融入了水里，代表碰到挫折时能够坦然、宽容面对挫折。

活动二：启发思考

师：大家想一下，生活中你曾经遇到过的挫折对你产生了哪些影响？

生1：我曾经考得很差，很难过，后来每节课我都认真听讲，不懂就问老师，积极回答老师的问题，后来我的成绩提高了，我很高兴。我觉得成功必须通过努力和排除挫折来获得。

生2：我曾经在歌唱比赛中没有获得名次，很难过，因为我一直唱歌都很好的。后来妈妈对我说："人外有人，天外有天，名次不是最重要的。"能够参与就是我的最大收获，另外也说明我还要继续努力，挫折只能让自己更加奋进。

生3：以前我在家里不洗衣服，不用亲自端饭，现在来到寄宿学校，什么都要自己做，刚开始觉得简直天都要塌下来了，不过现在觉得什么都学会了，真好。

师：是的，挫折是把双刃剑。很多时候失败和挫折是通向成功的途径，失败和挫折同世界上的许多事物一样，不仅有消极作用，也有积极作用。这就是挫折的两重性。挫折能增长人的聪明才智。其次，挫折可以激发人的进取心。最后，挫折还能磨砺人的意志。我们要勇敢地面对挫折，这样才能成为更优秀的人。

活动三：事例分享

(1) 球王贝利成长经历。

贝利成名后，有个记者采访他："你的儿子以后是否也会同你一样成为一代球王？"贝利回答："不会。因为他与我的生活环境不同。童年时我的生活环境十分差，但我却正是在这种恶劣的环境下磨炼我的斗志，使我有条件成为球王，而他生活安逸没有经受过困难的磨炼，他不可能成为球王。"

师：谈谈你对经受挫折的感受。

生1：勇敢面对挫折，可以使我们更快实现自己的梦想。

生2：挫折使我们前进。

(2) 林肯的成功之路。

师：你佩服林肯吗？

生1：屡败屡战的林肯值得我们学习。

生2：要成为总统必然要经历很多挫折。

生3：天将降大任于斯人也……

(3) 农夫与驴的故事。

师：分组讨论续写故事，由小组推选代表发言。

第一小组：如果把驴身上的泥土比作挫折的话，那么驴并没有放弃自己的生命，而是把挫折当作垫脚石，最后可以踩着这些泥土跳出深坑，重获新生。

第二小组：如果驴已经放弃了自己，它不抖落身上泥土的话，真的就丧命了。

第三小组：……

师：如果你自我放弃，挫折可能是生命的坟墓。挫折也可以是成功的垫脚石，生活中遇到的种种困难就是加注在我们身上的"泥沙"，鼓足勇气，把它抖落在脚下，使它们成为一块一块的垫脚石，即使掉进最深的井里，我们也能安然脱困。

你是否有面对深度恐惧的勇气？我们的生活态度应该是：尽量避免挫折，当遇到挫折时能够直面挫折，从容面对挫折，从而战胜挫折，将挫折转化为力量。那么我们该如何对症下药呢？

活动四：总结

(1) 请学生自我总结。

师：通过这节课，你觉得有什么收获？

生1：我觉得比起贝利和林肯的经历，我们平时的这些挫折根本不值一提。我们要积极面对生活中的困难和挫折，让自己更加强大。

生2：我觉得我遇到事情不应该再哭泣，应该想着怎么去解决，很多时候事情并没有我们想象的那么严重。

生3：我觉得我现在能生活自理了，很好很开心。如果当时让爸爸妈妈接我回家住宿，可能现在我还过着衣来伸手、饭来张口的生活。

(2) 老师总结。

师：是的，挫折使我们成长，使我们强大。下面有几个正确的自我疏导方法，希望我们以后能勇敢地面对挫折！

第一，合理宣泄。向老师、父母和朋友倾诉自己心中的痛苦和烦恼，以缓解压抑的心情，减轻痛苦。

第二，移情。在自己情绪不佳的时候，换一个能使自己心情好转的情境。

第三，目标升华。把怒气和悲痛转化为动力，给自己树立一个新的目标，以更强大的信心去追求，就能战胜挫折。

活动五：结束语

我们的人生道路还很长，不能因为一次挫折就停止前进的脚步，放弃前面美好的景色。正视挫折，从容面对挫折，让自己的生命之花绽放得更精彩。

让我们以《最初的梦想》结束这堂课。

8. 男生 vs 女生

◎ 8+1班会小组

[班会背景]

六年级的孩子们逐渐进入青春期，性别意识开始增强，生理的变化和心理的认识开始出现差异。这种差异使孩子们对于异性开始拉开距离。这时会发现原来他们有那么多让人反感的地方，因此不和谐的事件时有发生。在尊重学生身心发展特点和教育规律的前提下，通过为学生搭建活动的舞台，让男女生学会在"新阶段"对彼此有更深的了解。在富有男生、女生特色的活动中凸显男生的豁达、智慧、果断和女生的细腻、灵秀、聪慧，使他们感受生命健康的靓丽姿彩，在以后的生活中，增强理解并认同彼此的不同，做到和谐相处。

[班会目的]

1. 引导学生了解男女生因性别不同而具有不同的生理与心理特点；

2. 引导学生学会站在异性的角度彼此理解，学习如何与异性同学沟通与交往；

3. 正视性别差异，积极面对这种差异，学会和谐相处。

[班会流程]

导入：从座位说起

1. 创设情境（教室桌椅的摆放，有意识地安排成左右两边的格局）。

师：同学们好！今天老师想做一点改变，每个同学可以自由选择和哪位同学坐在一起。换位时，请大家轻声、有序！

（学生选择座位，出现了大部分同学选择和同性同学坐在一起的现象）

2．交流发现。

师：向四周望一望，你发现了什么？

…………

师：小时候男生、女生在一起没有距离，一起玩，挺开心，很自然；可到了十一二岁的年龄，总觉得和异性同学相处有些别扭、不自然，因为我们长大了，男生、女生不一样了，男女的性别意识越来越强，男生、女生不一样的地方也越来越明显，男生、女生之间的距离也越来越大，交往中的不自然其实也是很自然的成长阶段,交往中的小摩擦也是难免的。今天就让我们一起走近咱班的男生、女生。

板书班会题目：男生 vs 女孩。

（由换座位开始，拉近与学生的距离，使学生在活动中能够充分放开）

主体活动

（一）小比赛：我是男生，我是女生

(1) 两个小比赛：踢毽子、掰手腕。

（此环节设计的目的是让学生在观察、分析体验情境的过程中认识男孩和女孩是有不同的）

(2) 赛后交流。通过这场比赛，你发现男生和女生有什么不同？联系你的生活实际或课前搜集的资料谈一谈，你还发现男生和女生有哪些不同的特点？

（在此处加一个游戏，第一活跃气氛，第二为学生找到讨论的话题，而不是仅仅局限于自己课前搜集的资料，避免把这一环节变成生硬而无效的资料汇报）

(3) 我们的宣言。

①我们是男生。

内容：寻找男生特别的能耐；说说男生优势所在；外出活动中能为女生提供哪些帮助；等等。

②话说女生。

内容：寻找女生细腻体贴之处；说说女生优势所在；学校活动中我能为男生提供哪些帮助；等等。

(4) 教师总结。

男生爱表现、要强，女生很敏感、好静，男生和女生性别不同，行为和思考问题的特点也不同。

(通过一系列适合男生、女生的活动，引导孩子们在快乐的活动中互相了解，因为性别的不同，男生和女生在生活中也会表现出诸多的不同)

(二) 换位思考

(1) 情景再现。

有一次，我（男生）没有橡皮了，我随手就拿同桌的橡皮用，结果她暴跳如雷，我很不理解，这有什么？

(引导男生和女生分别从不同的角度去思考，去处理，有没有其他的办法可以将不和谐因素转化为和谐因素)

…………

(2) 情景再现和谐相处的结局。

(情景再现孩子们生活中的典型场景，引导孩子们讨论，进一步认识到正因为男生和女生的性别不同，所以在很多问题的处理方式上是不一样的，要求同存异，互相理解)

(三) 男生、女生看过来

(1) 如果你的同学摔倒了，你会怎么做？

男生和女生比一比，谁想的办法最多？

…………

(2) 教师小结。

男生有男生的精彩，女生有女生的风采，男生不可能苛求女生像自己一样豁达，女生也不可能要求男生和自己一样心思缜密。

多一些理解，少一些挑剔；多一些将心比心的体谅，少一些斤斤计较的牢骚；多一双欣赏的眼睛，少一些埋怨的语言，我们的相处才会更加融洽。

(这一环节的设计旨在引导学生更进一步地走近生活，体会男生和女生的不同特点)

（四）结束方式

（1）游戏：大风吹。

通过游戏打乱孩子们的座次。（通过游戏进一步拉近孩子们之间的距离）

（2）展示班内学生照片。《我们是一家人》音乐声起。

（3）教师小结。

即将毕业，希望我们大家互相理解，真诚以待，和谐相处，让六（2）班成为你将来记忆深处最美丽的地方。

（通过音乐唤起学生的美好回忆，感动孩子心灵中最柔弱的部分，使孩子们更能互相理解，互相珍惜，和谐相处）

9. 走近科学

◎ 江苏省仪征市实验小学　吴厚梅

[班会背景]

现代社会，科技已经进入人们生活的每一个角落。科技巩固了国防，让我国屹立于世界民族之林；科技强化了医疗，让人民健康生活的梦想不再遥远；科技发展了农业，让科技农业、生态农业的观念深入人心；科技推动了生活，让人们能享受生活，快乐生活。但是，科技在造福人类的同时，也给人类带来灾难的隐患。如何正确地看待"科学技术"，恰当使用"科学技术"是我们本节课的核心要点。

[班会目标]

1. 科学技术为什么给人类带来喜，科学技术为什么给人类带来忧。
2. 引导学生辩证地看待科学技术，树立正确运用科学技术的理念。

[班会流程]

班会导入

教师引导：同学们，刚才我们谈到了实现中国梦离不开科学技术。今天这节课，我们就来聊聊"科学技术"这个话题，走近科学。

（板书：走近科学）

视频激趣：

播放视频：《明年，就可以把手里的手机扔了》。

教师：同学们，视频看完了，这里的高科技给你留下了什么印象？

生1：科学太震撼了！

生2：科学太神奇了！

生3：科学发展太快了！

教师：课前我们分小组收集了资料。现在，请将你们搜集到的资料在小组内分享。

（出示"小组合作要求"：1.组内分享资料，由组长主持，每一个组员都要积极参与；2.商议一下，小组该怎样展示合作学习的成果）

……

活动一：科学造福人类

刚才，同学们在小组内都非常认真地进行了交流，下面先请衣着小组按照衣食住行的顺序和大家分享他们的学习成果。

1. 衣着小组分享。

生1：这件衣服叫冲锋衣，它的面料含有高科技哦，它采用防水涂层技术，穿在身上防风防雨又透气。连我们穿的牛仔裤，现在也有高科技面料，在原有耐穿的基础上，保暖性能特别强，还能抑制螨虫哟！

生2：冬天，大家都会穿羽绒服，羽绒经过特殊处理，轻便，环保。

生3：我们穿的衣服有的是化纤的，这些都是科技产品。

师：哎呀！同学们交流得太好了，老师也要为你们提供几款高科技服装。

（出示：航天服、量子隐身衣、空调服）

空调服：通过风扇的送风，使人降温。你想，本来在炎炎烈日下工作的建筑工人，穿着这样的衣服，一阵阵凉风吹来，是不是很爽呀！

量子隐身衣：透过反射穿衣者身边的光波，可以使穿着这种衣服的人达到"隐形"的效果，能够用于军事方面。

师：看来，无论是现在还是将来，我们的穿衣跟科技的关系非常密切。如果离开了科技，那我们只能……

生1：回到原始社会，用树叶串起来当衣服了。

生2：用兽皮做衣服了。

（学生笑）

2. 食物小组。

教师：刚才衣着小组采用组长介绍的方式，下面由食物小组进行分享。

生1：方便面，运用"瞬间热油干燥"技术，让面干燥，便于携带。

生2：膨化食品，改变了食物的结构，好吃，但不能多吃哦。

生3：夏天大家都爱吃冰激凌吧，冰激凌运用冷冻技术，给我们创造了美味。

生4：蛋糕使用食用乳化剂，让蛋糕更美味。

生5：面包制作，加入酵母，让面包更松软。

师：同学们，科技在食品中的运用，让我们享受到不同类型的美味。

3. 居住小组。

师：居住小组，轮到你们啦！（学生拿电器彩图）

生1：太阳能热水器将太阳能转化为热能，将水加热，供我们使用。

生2：自动洗衣机在程序的控制下，自动洗衣服，有的还能将衣服直接烘干。

生3：有了地暖，再寒冷的冬天也不怕了。

生4：空调在夏日里给我们带来清凉。

师：现在还有一种高科技住宅非常受欢迎，这就是恒温恒氧的住宅，不需要传统空调，但四季如春，恒温恒氧的科技住宅让我们住得真舒心！

师：如果再配上一种"智能家居"就更好了！国产品牌某"智能家居"就引领潮流，做到了这一点，我们一起来看看！（出示某智能家居）

是呀！信息化时代，智能化家居，虽然人在外，我们都可以通过网络控制家电设施，住在这样的高科技住宅里，感觉怎样？

生1：感觉很好！

生2：很安全！很舒适！

师总结：科技让我们的生活更美好，我们憧憬这样的新生活！（板书：感受新生活）

4. 出行小组。

下面请出行小组接着介绍：

小组长：以前的出行工具有驴车、黄包车，现在都只能在电视中看到了。

后来的出行工具有自行车、电瓶车、汽车、火车。

现在的出行工具有高铁、磁悬浮列车、飞机。

交通工具越来越先进！（出示图片：驴车、黄包车、自行车、电瓶车、汽车、火车等）

师：科技让我们的出行更加便捷，在不久的将来，我们下午在镇江购物，晚上在扬州富春茶社享受美食，再到南京欣赏一场音乐会，十点钟回到自己温馨的家。高科技的出行让我们生活在地球村喽！

师：科技让生活更美好！

5. 农业小组汇报。

小组长：科技给农业带来了翻天覆地的变化。课前，我们做了几张幻灯片，下面由我来介绍。（出示喷雾机图片）这是喷雾机，这是真空种子播种机，做个享受高科技的现代农民也很幸福呀！

（出示无土栽培图片）没有土壤也能种蔬菜哦！

（出示袁隆平与杂交水稻图片）这是杂交水稻之父——袁隆平，他的杂交水稻技术，解决了中国十几亿人的吃饭问题，并且在30多个国家和地区推广！

师：说得太好了！

6. 军事小组汇报。

小组长（卷轴图画）：你们想了解科技在我国军事方面有哪些用途吗？空军：看，高科技的战斗机等；海军：航母、核潜艇、隐身导弹艇；陆军：坦克，还有各类榴弹炮、火箭炮、反舰弹道导弹也在研制中。我国还拥有核武器等。

这些新式武器都在今年的国庆阅兵式上展示过它们的风采，当时，你的心情如何？

生1：很激动。

生2：很兴奋。

生3：我觉得生活在中国很安全！

生4：我为自己是一个中国人而骄傲！

师：军事的强大，代表着我们国家的强大！作为一个中国人，我们都应该感到自豪！

7. 医疗小组汇报

请医疗小组和大家分享。

小组长：同学们，你们到过医院吧！你们到医院看到过哪些先进的医疗设备？

生1：B超机，可以看到我们脏器的病变。

生2：检查眼睛的仪器，能够准确地测出我们的视力。

生3：CT检测仪，如果我们骨折了，CT检测仪能检测出我们骨折的位置，便于医生治疗。

小组长：现在还有更先进的呢！下面请小蒋同学展示一下他带来的视频。

（出示视频：3D打印技术应用于医学）

师：3D打印技术能帮助医生更准确地为病人诊断、治疗，看到有这么先进的医疗技术，此时，你有什么感受？

生讨论。

生1：感觉很安全，生病了能治好。

师：过去，一点感冒都能要了人的命。现在，毫不夸张地说，医学都能达到起死回生的地步了。

生2：人们生活更幸福！

师：1949年，新中国刚成立时，我国人均寿命只有38岁。现在，我国人均寿命是76.8岁，翻了一倍，这与我国日益先进的医疗技术是分不开的。

师总结：同学们，科技巩固了国防，让我国屹立于世界民族之林；科技强化了医疗，让人民健康生活的梦想不再遥远；科技发展了农业，科技农业、生态农业的观念深入人心；科技推动了生活，让人们能享受生活，快乐生活！

活动二：科学技术之害

看来，不管怎么使用科学技术，都会给人类带来好处。你们同意吗？

生：不同意。

师：会带来哪些危害呢？

（一）认识"工业蜡"。

1.（出示苹果图片）大家看，这个苹果怎么样？

生1：新鲜。

生2：漂亮。

师：告诉你们，这是一个化了"妆"的苹果？我们来给苹果卸"妆"。

2．（出示图片：苹果上刮出白色粉末）这层白色的物质到底是什么东西呢？你们猜猜看。它的名字叫"工业蜡"。

3．什么是工业蜡呢？（出示视频）

师解释：蜡分为食用蜡和工业蜡。食用蜡对人体没有危害，而工业蜡含汞、铅，给人体带来了危害。

4．那么，商贩为何要使用工业蜡呢？

生1：为了让苹果更好看。

生2：为了让苹果保鲜时间更长，赚更多的钱。

师：这样的苹果你敢吃吗？

生齐：不敢吃。

5．好好的苹果不能吃，难道是工业蜡的错吗？

下面，我们分小组讨论一下。之后，汇报一下你们小组讨论的结果。

小组1：工业蜡没有错，错的是人类。

小组2：工业蜡没有错，工业蜡用在工业上，造福人类。用在食品上，就危害人类。

小组3：人类为了赚钱，将工业蜡用错了地方。

师总结：将纸张浸入石蜡后就可制取有良好防水性能的各种蜡纸，可以用于药品等包装。我们经常用工业蜡给地板、汽车打蜡，蜡烛也是用工业蜡做的。工业蜡被不法商人用错了地方，给我们的生活带来了烦恼。

（板书：带来烦恼）

6．生活中像这样因为不当使用科学技术带来的烦恼还有很多。（板书：不当使用）谁来说说。

生1：牛奶中的三聚氰胺。

生2：食物中含有吊白块、苏丹红、漂白粉。

生3：凉皮中使用工业胶。

……

(二)环境问题。

现在，还有一个困扰大家的问题就是环境问题，科技给环境造成哪些危害呢？课前，环境小组对这个问题进行了研究，现在，就将你们的研究成果与大家分享。

小组长：现在，大部分家庭都有汽车，家里有汽车的同学请举手。(生举手)

(出示图片)这么多的汽车会造成交通拥堵。

(出示图片)汽车排出的废气含有铅、镉等重金属,造成雾霾,对人体造成危害。我们江苏地区的雾霾比较严重，去年，省会南京就因为雾霾严重，中小学放假好几天。

(出示图片)工业也会造成环境污染。你看,这是昆明一家化工厂排放的浓烟,没有经过任何处理，对环境造成危害。

下面请我们组同学来补充。

生1：我还查到一段视频,是关于美国向日本投放原子弹的。大家来看看。(出示视频)

看到这一连串的数字，你想说什么？

生2：原子弹给人类带来巨大的灾难，房屋瞬间倒塌，死了那么多人，好可怕！

生3：人类不要使用原子弹，我们爱好和平。

师总结：同学们,核武器给日本人民造成的灾难,后遗症影响了一代又一代人。制造核武器运用的是核能，看来，是核能的错。

学生争论。

生：不同意。

师：为什么？

生：核能也给人类带来许多便利。

师：带来哪些便利呢？

(出示图片)大亚湾核电站、秦山核电站……

师：核能具有清洁、能量大等优点。核能有错吗？核能用于发电，这是恰当使用，让人类感受新生活。

(板书：恰当使用)

核能用于原子弹，不当使用，给人类带来烦恼，甚至是毁灭性的灾难。

活动三：课堂总结与延伸

师：科学技术没有错，错在人类。这让老师想起了爱因斯坦的一句名言：科学是一种强有力的工具。怎样用它，究竟是给人带来幸福，还是带来灾难，全取决于人自己，而不取决于工具。同学们，现在，你们对科学技术有什么新的认识？

生1：人类要恰当使用科学技术，如果不恰当使用，就会给人类带来灾难。

生2：科学技术是一把双刃剑，有利、有弊，关键看人们怎么去用。

师总结：科学技术本没有错，它是一把双刃剑，人类在恰当使用科学技术时，它就造福人类；当人类不恰当使用科学技术时，它就给人类带来灾难。

师：（播放《中国梦》MV）同学们，中国梦，是每一个中国人的梦。老师希望你们能够脚踏实地，学好知识和本领，用好科学技术，将来为科技创新贡献自己的一分力量，让科技助推我们的中国梦！

3月：成长

10. 我做祖国的代言人

◎ 广东省佛山市南海区石门实验小学　林凤琴

[班会背景]

青少年是国家和民族的希望，是祖国的未来。他们正在祖国的怀抱里幸福地成长着，感受到祖国的富强。可是作为社会主义的接班人，应该用哪些行动去爱我们的祖国，他们还很模糊。因此，帮助学生了解祖国的过去，认识祖国的现在，展望祖国的未来，对激发学生的民族自豪感具有重要的意义。

[班会目的]

1. 通过本次班会活动，帮助学生了解祖国的过去，认识祖国的现在，展望祖国的未来，激发学生的民族自豪感。

2. 引导学生把爱国之情转化为爱国之行，时刻准备着把祖国建设得更加美好。

[班会流程]

一、谈话导入

师：遥远的东方有一条江，它的名字就叫长江，遥远的东方有一条河，它的名字就叫黄河，古老的东方有一条龙，它的名字就叫？（欣赏音乐，提问导入）

生：中国。

师：是的，中国是东方的明珠，是腾飞的巨龙，是东方地平线上初升的太阳。那么，祖国在你心中是什么样子呢？

今天，我们聚集在一起，谈谈"我美丽的祖国"。

二、活动一：美丽的祖国

（挂出大幅的《中华人民共和国地图》）

师：一览中华960万平方公里的广阔土地，雄伟长城横跨山峦，曲折长江滔滔东去；一览中华960万平方公里的广阔土地，桂林山水锦绣天下，四川盆地天府繁荣；一览中华960万平方公里的广阔土地，黄土高原力喊秦腔，天山天池倒影雪涯；一览中华960万平方公里的广阔土地，万丈盐桥扑向黄沙，珠穆朗玛巍峨挺拔。祖国山川雄奇，祖国河水秀逸，祖国胸怀广大。

1. 那你最喜欢祖国的哪个地方？为什么？
2. 带着学生观看视频领略祖国的大好河山。
3. 新旧中国发展对比。

师：通过观看新旧中国对比组图，结合你搜集的资料，谈谈你的感受。

生1：旧中国不能独立，人民的生命没有保障。危害中国人民生存的，首先是帝国主义的侵略。因此，争取生存权首先要争取国家独立权。自1840年鸦片战争以后，中国一步一步地由一个封建大国沦为半殖民地半封建的国家。从1840年到1949年的110年间，英、法、日、美、俄等帝国主义列强先后对中国发动过大小数百次侵略战争，给中国人民的生命财产造成了不可估量的损失。

生2：帝国主义强迫旧中国签订了1100多个不平等条约，对中国的财富进行了大规模的疯狂掠夺。据统计，近百年来，外国侵略者通过这些不平等条约掠去战争赔款和其他款项达白银1000亿两。其中《南京条约》《马关条约》《辛丑条约》等8个不平等条约就勒索赔款19.53亿两白银，相当于清政府1901年财政收入的16倍。而日本仅通过《马关条约》勒索的赔款达2.3亿两白银，就相当于当时日本国家财政四年半的收入。侵略者在战争中的破坏和抢劫造成的损失，更是难以估算。日本全面侵华战争期间（1937—1945年），中国有930余座城市被占领，直接经济损失达620亿美元，间接经济损失超过5000亿美元。国家主权丧失，社会财富遭洗劫，使中国人民失去了最起码的生存条件。

生3：吃饱穿暖，这是长期陷于饥寒交迫困境的中国人民的最低要求。旧中国的历代政府不仅没有能解决这一问题，反而加重了人民的灾难。在旧中国，只占农村人口10%的地主和富农占有70%的土地，而占农村人口70%的贫雇农却只占有10%的土地；占人口极少数的官僚买办资产阶级垄断着80%的工业资本，操纵着全国的经济命脉。中国人民遭受着地租、赋税、高利贷和工商资本的层层盘剥，其所受的剥削和贫困的程度是世界上罕见的。据统计，1932年，仅苛捐杂税的名目就多达1656种，捐额约占农民收获量的60%至90%。加上反动政府在政治上腐败无能，丧权辱国，充当帝国主义的统治工具，大小军阀割据，长期战乱不断，使人民灾难深重，生存维艰。据估算，旧中国有80%的人长期处于饥饿、半饥饿状态，几乎每年都有几万到几十万人因饥饿而死。一遇自然灾害，更是饿殍遍野。1931年，华东地区水灾，造成370多万人死亡。1943年，仅河南省饿死者就达300万人，另有1500万人靠啃草根、吃树皮度日。抗日战争胜利后，国民党反动派发动内战，榨取民脂民膏，造成经济全面崩溃。1946年，各地饿死1000万人。1947年，全国饥民竟有1亿多人，占当时全国人口的22%。

生4：1949年新中国建立以来，从根本上消灭了剥削制度，实行了社会主义制度，使中国人民在历史上第一次成为生产资料的主人和社会财富的享有者。这就极大地激发了人民群众建设新中国和新生活的积极性，解放了社会生产力，使社会经济以中国历史上空前的速度发展着。1979年以后，中国以经济建设为中心，实行改革开放，建设有中国特色的社会主义，进一步促进了社会生产力的发展，从而基本解决了14亿人口的吃饭、穿衣问题。西方某些政治家曾经断言：中国没有一届政府能够解决人民的吃饭问题。但是，社会主义中国依靠自己的力量解决了这一历史难题。

生5：以前，人们穿土布衣服，现在，涤纶腈纶各种面料都有。从单一的灰白色到单一的绿色，再到现在的五颜六色；从单一的款式到现在的什么款式都有。各个时代都有各个时代的潮流，中山装、布拉吉、绿军装、蓝工作服都曾作为一种时尚，而现在，演变到各种时尚款式层出不穷，年年变化。

生6：住，中国人认为有自己的一栋房子才可称为有个家。以前，茅草屋、土坯房、石头屋，散落在中国的广大农村，而现在，砖瓦房、楼房已是普遍，而且家具从以前的简朴变为现在的琳琅满目。

生7：行，从以前的出门靠两条腿到自行车，再到现在的以摩托车、汽车、火车、飞机等代步；通信从以前的城市网到现在村村通工程、5G网络等。

生8：人民的物质生活取得了巨大成就，文化生活也极大丰富，生活质量有了很大提高。从以前的单纯的报纸、收音机来了解信息，到现在电视机、DVD、网络走进每一个家庭。每一个人都能享受现代生活。统计显示，目前我国城乡居民平均出游率达到84.8%。文化产品也大大丰富，随着文化体制改革的推进，百姓将享受到日益完善的文化服务；在农村，影院、文化馆、图书馆等设施的普及，将把农民的传统日常生活概念大大拓展。

生9：新中国成立前，我国是一个文盲、半文盲人口占80%的国家。自从1986年我国颁布了《义务教育法》，普及义务教育取得巨大成就，全民受教育水平大大提高。自从恢复高考以来，高等教育快速发展，为经济和社会发展提供了人才和技术支持。此外，新中国成立以来，党和国家一直十分重视体育事业的发展。在党中央三代领导集体的关怀下，体育事业得到了空前发展，取得了一系列巨大成就。从第一个世界冠军、第一个奥运冠军到现在的N个冠军，以及2008年成功举办了举世瞩目的奥运会，中国已跻身世界体育大国的行列。

生10：中国人民的寿命和健康水平有了很大提高，体质也有了明显的提高，彻底甩掉了旧中国"东亚病夫"的帽子。

生11：我们的祖国日益富强，人们都过上了幸福的生活。

三、活动二：知识竞赛

我们伟大的祖国有纵贯五千年岁月的悠久历史，有纵横960万平方公里的大好河山。这些，我们又知道多少呢？接下来，就让我们来比一比，看看谁知道得多。

四、活动三：故事擂台

1. 凭着对祖国的热爱和对未来发展的美好愿景，中华民族用血汗谱写出一篇篇华美的文章，那是无数英勇的革命先烈用鲜血换来的。同步播放录像片段。

2. 我们现在的幸福生活来之不易，现在就让我们一起来回忆过去，听一听英雄的故事。

3. 由事先准备好的学生讲故事，班主任适时解释，渲染气氛。

五、活动四：诵读诗歌

《我的祖国》 作者：司凌

（组织学生个人朗诵、分组朗诵或者分角色朗诵）

六、活动五：我做祖国代言人

1. 作为一个中国人，你会展示一种怎么样的形象给外人？

生：我传递爱国正能量，把中国人民勤劳、朴实、文明的一面展示给外人，并传播我国优秀的传统文化。

2. 师：是啊！作为一名中国人，中华民族的精神值得我们敬仰，神州大地的文明需要我们传承。作为一名学生，爱国的内涵是什么呢？

生1：对于我们来说，就是秉承中华民族自强不息的精神，努力拼搏，发愤图强。

生2：梁启超曾言："少年强则国强，少年雄于地球则国雄于地球。"作为祖国未来的接班人，别一味地追求时尚而迷失了自我，别沉迷于华而不实的外貌中而忽略了内在的美丽，别终日浑浑噩噩、碌碌无为。

生3：周恩来从小立下"为中华之崛起而读书"的志向，一颗幼小的心灵从小就融入了浓浓的爱国情怀。"先天下之忧而忧，后天下之乐而乐"。只有祖国强大了，我们才能安居乐业。我们是祖国未来的接班人。现在最主要的是明确我们的学习目标，为祖国的更加富强而努力学习，加强身体锻炼，为祖国未来的建设打下坚实的基础。少年智则国智，少年富则国富，少年强则国强。爱国就要从爱学习做起。课堂上我们专心致志，思维活跃。

生4：少年兴则国兴，少年强则国强。我们要适应时代发展的要求，正确认识祖国的历史和现实，增强爱国的情感和振兴祖国的责任感，树立民族自尊心与自信心；弘扬伟大的中华民族精神，自强不息，艰苦奋斗，顽强拼搏，真正把爱国之志变成报国之行。

生5：坚持锻炼身体，屹立的篮球架吓不倒我们对高度的追求，宽阔的排球网拦不住我们对胜利的渴望。我们用充满活力的躯体丈量着800米跑道，用火热的激情迎接一个又一个挑战。

七、总结谈话

是的，同学们！热爱祖国，不是一句口号，也不是一堂主题班会能全部体现的，更多体现在同学们日常的生活中，爱父母、爱老师、爱同学、爱班级、爱学校，学会分享、勇于承担、敢于担当。无论身在何处，我们都不能忘记自己是中国人，为自己是中国人而感动自豪。

让我们对着五星红旗庄严宣誓:我们都是祖国的一张名片,是祖国的代言人。爱国,就要从我做起,从身边小事做起,从爱学习做起。努力拼搏,奋发上进,开创祖国明天的辉煌!星星之火可以燎原,点点爱心让祖国更美丽。

3月：成长

11. 我的成长足迹

◎ 广东省佛山市南海区石门实验小学　梁海玲

[班会背景]

孩子们升入六年级，他们为自己即将完成小学阶段的学习而高兴，六年的校园生活给他们留下了美好的回忆。但他们还不能主动、全面、客观地总结出自己的进步与变化。让学生从自己成长的足迹中积累成长经验，感受成长快乐，感悟童年生活的珍贵，获得成长的自信。

[班会目的]

1. 回顾成长历程，分享成长中的趣事。
2. 通过直面成长过程中的痛苦与烦恼，体会成长中的艰辛。
3. 分享成长经历，感恩在成长中给予自己帮助的师长和伙伴。
4. 放眼未来，为自己的成长助力。

[班会流程]

班会导入

师：同学们，时间像一个精灵，你听不到它，看不到它，摸不到它，而它却能从你的身边溜走，逃掉。好像昨天的你还是个刚背起书包、走进校园的小学生，今天就已经踏入小学阶段的尾声了。让我们跟随一组图片，一起回顾一下过去的日子。播放音乐小虎队的《红蜻蜓》,同时播放孩子们五年的校园生活及活动照片。（会唱的同学可以跟着音乐唱）

师：听着音乐，看着照片，你有什么感受？

生1：我看到自己五年前的样子，觉得很搞笑。

生2：我看到自己第一次运动会参加跑步比赛时的照片，很为自己感动。

生3：我看到了一年级的启蒙老师，感觉还是那么的亲切。

师：这组照片就像一个时光机，带我们穿越5年的时光，让我们可以清晰地看到每一个阶段的自己。不知不觉，我们已经即将毕业，时光匆匆，但是有些沿途的美好我们不能忘记，今天我们就一起去探寻"我的成长足迹"。

活动一：成长万花筒

1．猜猜我是谁。

师：老师搜集了很多同学的萌照，想考考同学们的眼力，看你能不能猜到这是谁？你是怎么猜到的？

生1：小亮，我从他那圆溜溜的大眼睛看出来的。

生2：小伟，我是凭直觉猜测的。

生3：小楠，虽然这张照片只是个背影，但这是个舞者的背影，我们班跳舞最好的就是小楠。

生4：小轩，我从那高高的个子看出来的，他现在也是我们班最高的。

生5：小朔，我是从那副眼镜猜到的，因为他和我们说过，他很小的时候就开始戴眼镜了。

生6：小颖，这张照片是在雪地里拍的，我们班只有她是北方人。

生7：小伟，他很黑。

生8：小宇，他从小就很胖，圆圆的大脸蛋。

生9：小莉，因为她长得很漂亮。

活动小结：虽然这些照片都是同学们很小的时候，但是依然能够看到现在的你的影子。我们每一位同学在时光的引领下，渐渐长成一名翩翩少年，在这个过程中，肯定发生过很多有趣的事情能够和大家一起分享的。

2．说说我的趣事。

师：请同学们在本小组分享自己的趣事，每一个小组推选一个最有趣的事在全班分享。

小组1：我要和大家分享的是我刚上一年级的时候，刚开学，我对自己的教室和老师都还不太熟悉，一次课间休息后走错了教室，自己没察觉，老师也没发现，直到快下课了，老师才把我送回到自己的教室。

小组2：我要和大家分享的趣事是上二年级的时候，结交了我第一个好朋友，我们在一起经历的很多事情都很有趣，比如一起学自行车，一起学游泳。

小组3：我要和大家分享的趣事是我第一次在学校过生日，当时妈妈买了一个大大的蛋糕和同学一起庆祝，在吹完蜡烛许过心愿后我们就开始"蛋糕大战"，我们一边往对方的脸上涂着蛋糕，一边笑着，闹着，非常有趣。

小组4：我要和大家分享的是我第一次上台演出，我非常激动，一直表现得比较兴奋，因为我喜欢舞台，我有机会登上舞台表演，这太有趣了。

3．分享我的成长历程。

师：孩子们一路走来一定收获满满，现在同学们就在小组里和伙伴们分享自己的收获。

小组活动：

生1：我要跟大家分享的是一本相册，这里面有我从出生到现在每个月妈妈给我拍的照片，记录下我成长中的变化。（组内成员翻看）

生2：我要和大家分享的是我所有的获奖证书，这些证书见证了我的成长，有学习标兵、三好学生，还有钢琴考级证书、跆拳道考级证书。

生3：我要和大家分享的是妈妈给我记录的成长日记，这里面详细地记录了一些好玩的事，有图有真相。

生4：我的分享与众不同，我分享的是我自己设计制作的衣服，这是我成长中非常重要的事。

师：从同学们洋溢着灿烂笑容的脸上可以看出，大家在分享成长中的收获时是多么快乐。

师：刚刚看到同学们在下面交流得眉飞色舞。几个小组的代表也和大家分享了自己的趣事，在大家生动的描绘下，往事历历在目。成长中的趣事给我们的生命增添了无限的乐趣，但是成长会不会这么一帆风顺呢？接下来就让我们进入第二环节"成长百味瓶"。

活动二：成长百味瓶

1. 烦恼之我见。

师：随着年龄的增长，我们渐渐地明白成长给我们的馈赠绝对不仅仅是快乐，也有悲伤、纠结、矛盾，甚至绝望。班级小记者为了这次班会特意采访了我们班的部分同学，请他们说说自己成长中的烦恼。我们一起看大屏幕。（师生共同观看短片）

师：刚才在看短片的时候，我看到下面有些同学们在频频点头，我想你们应该是被同样的烦恼困扰着。如果说烦恼的存在是生活的常态，那么如何对待烦恼就是考验我们的智慧了。在课下，老师做了一个小调查，让同学们说说现在让你最烦恼的事。

班长反馈：

昨天，老师在班级进行了一次问卷调查，我们班 40 名同学都填写了问卷。分析统计数据，我发现同学们都有不同的烦心事。其中最有共性的几个问题是：1．和父母的沟通。2．得不到同学的理解。3．自己的成绩提高困难。

2. 烦恼之我思。

师：同学们反映最多的是"和父母的沟通"问题，主要表现为父母不理解自己和一些观念上的冲突。针对这个问题请大家思考，有什么好的建议吗?

生 1：有时候父母不理解我们的一些想法和做法，是因为我们没有事前和父母进行有效的沟通，没有很好地表达清楚自己的想法，也没有耐心听父母的想法，就像是过河，如果不借助桥梁是很难过去的。

生 2：我认为父母有些时候态度不太好，但是他们没有坏心眼，他们是世界上最爱我们的人，所以我们要理解他们。

生 3：我认为我们已经六年级了，很多事情我们可以自己做决定，但是我们还没成年，所以很多事情还是要听听家长的意见或建议。如果是正确的，我们要采纳；如果是不对的，也要坚决指出。所以有时候也需要父母理解我们。

师：刚才几个同学的想法非常好，你们想不想听听爸爸妈妈的想法？我们有请子晴爸爸和嘉瑜妈妈。

子晴爸爸：刚才看了短片，也听了同学们的发言，感触很多，反思很多。很多时候我们都忙于工作，耐心都给了工作，回家后面对自己的孩子却没有了耐心，所以有些时候态度不够好。但是，我非常肯定的是，无论爸爸妈妈说话做事的态度如何，出发点还是希望你们好。

嘉瑜妈妈：作为妈妈，每次和孩子发火后我也很后悔，后悔自己的态度不够好，后悔自己没能很好地控制自己的情绪。恶语相对本来就是一种暴力行为，我们也会反思。

师：听了刚才两位家长的"真情告白"，我想在座的你们一定也被感动了。看来我们和爸爸妈妈之间缺少必要的沟通，用心沟通，彼此理解，共同营造一个和谐的家庭氛围。

师：其实在不同的成长阶段，会遇到不同的困难和困扰，如果你能把这些困难看成是自我成长的催化剂，选择合适的方式方法解决它，这就是困难和挫折带给我们的财富。

活动三：成长感恩台

师：一棵小树长成参天大树离不开阳光雨露的滋润。同样，在我们的成长过程中也倾注着很多人的心血，回顾自己的成长历程，哪些人值得感恩？

生1：我要感恩我的父母，是他们一路陪伴我成长，给我无私的关爱。

生2：我要感恩我的奶奶，爸爸妈妈上班很忙，是奶奶每天在家给我准备好饭菜，为了让我营养充足，奶奶总是换着花样给我做好吃的。有时候我还挑三拣四，非常不应该。

生3：我要感恩我的同学，我们相伴六年，一起欢笑，一起学习，一起玩耍，有他们的陪伴我觉得我是最幸福的人。

生4：我要感谢所有的老师，是老师们的辛勤付出，我们才能够不断地增长见识，开阔眼界。

生5：我要感恩曾经和我吵过架的同学，从那次争吵中我懂得了朋友之间要互相包容。

师：老师为你们感到高兴，一个懂得感恩的人，也一定是一个幸福的人。我们要感恩的人这么多，但是如何能把我们这份感恩之心付之行动呢？

生1：我要用行动回馈我的父母，平时多关心父母。

生2：我要和我的哥们儿做一辈子的好朋友。

生3：有一些对我有过帮助的人现在都不知道在哪了！

师：同学们，你们知道吗？所有关心你的人，帮助过你的人都有一个初衷，那就是希望你能够健康、快乐地成长。所以我们回馈他们的关爱的最好的方式就是对自己负责任。

活动四：成长展望镜

师：未来迎接我们的将是更漫长的人生道路，如何对自己负责任？你对自己的未来有什么规划或者要求吗？

生1：马上要升入中学了，我不能太贪玩了，要把时间用在学习上，让自己在学习上有大的进步。

生2：我要给自己设定一个目标，并且要克服懒惰的毛病。

生3：我要多参加体育锻炼，在游泳方面要给自己提出更高的要求。

生4：我是足球队的，我的目标是在未来代表学校取得更多的荣誉。

班会小结与延伸：

师：同学们，成长就像一个五味瓶，酸甜苦辣咸一应俱全。我们一路品尝，一路前行。最后老师有一句话要送给同学们：

（PPT）快乐时，不骄不躁；悲伤时，不气不馁；失落时，不卑不亢。

4月：远方

12. 走向毕业的成长之旅

◎ 广东省深圳市光明区教育科学研究中心　杨娜

[班会背景]

对于六年级的孩子来讲，这也是他们小学阶段的最后一个学期。开学初，班里的气氛就发生了微妙的变化。比如孩子们分头去打探科任老师的生日，如果老师的生日是下半年的，他们就要给老师提前过生日，说等老师过生日的时候我们都分开了，一时间有一种伤感的情绪蔓延开来。再有，毕业留念册，留言簿开始在班里悄悄地传写着。孩子们在一起聊的话题都是你去哪里读中学，如果恰巧两个同学选择了同一所中学，眼睛里都会流露出不一样的光彩。相反那些选择回老家就读中学的孩子，一想到几个月后要和大家分离，就显得落寞许多。孩子们对于"小学毕业"的认识更多的是停留在"离别"的伤感氛围中。要调节这种伤感气氛，引导孩子们认识到离别是成长与成熟的必经阶段。

"小学毕业"是孩子们体会成长快乐的季节，因为他们即将踏上新的征程，去探索未知的世界；"小学毕业"是感恩收获的季节，这是风雨同舟的六年师生情感怀于心的时刻；"小学毕业"是心怀梦想的季节，因为这是他们生命拔节的重要时刻；"小学毕业"是顽强拼搏的新起点，是时候开展一场"走向毕业的成长之旅"了。

[班会目的]

1. 让学生认识到"收获、感恩、成长"是"毕业的成长之旅"的感情底色。

2．在追忆中感念师生情谊，珍惜美好的相处时光。
3．在活动中引导孩子们要心怀梦想，志在远方。

[班会流程]

班会导入

全班唱响班歌：《我们自己是太阳》。

不怕别人比我强，
不管别人怎么想，
向蜜蜂们学习勤劳坚强，
像小蚂蚁啃骨头一样。
不怕为梦想受伤，
不管风雨有多狂，
日升日落本来就很正常，
风雨之后我们仍在天上。
相信我们自己是太阳，相信太阳系的力量。
只要我们能好好学习，就一定能天天向上！

我们自己是太阳，
要升上天空将每个角落照亮，
就算有困难有阻挡，
我们也要努力散发光芒。

我们自己是太阳，
如火的激情在我们胸膛激荡，
我们有信心就有希望，
自信的人才能展翅飞翔。

师：同学们，每一次听大家唱响班歌，在我的眼前都会浮现出你们初入学时的情景，一个个小小的身影，纯净而美好。转眼间，六年的时光如白驹过隙，伴随着成长的脚步，现在的你们已经长成一个个翩翩少年。就像班歌里唱的，你们如蜜蜂般勤劳坚强，不怕为梦想受伤，不管风雨有多狂，你们自己就是太阳，把每个角落都照亮。今天我们班会课的主题是：走向毕业的成长之旅。

第一环节：忆童年往事，叙师生情谊

师：童年是一幅画，画里有五彩的生活。

童年是一首歌，歌里有幸福和收获。

童年是一首诗，诗里有汗水和收获。

每个人的童年都是一幅绚丽多彩的画卷，请打开属于自己的那幅画卷，让我们回首往昔，一起去回忆那些照片里的故事。

(学生讲述照片里的故事)

生1：我和大家分享的是我第一天上学的时候妈妈给我拍的一张背影照，妈妈说这是我成长的第一步，非常珍贵，这张照片一直挂在我的房间。

生2：我和大家分享的是四年级运动会上我第一次参加800米接力赛的照片，这是我第一次参加跑步比赛，虽然那次比赛我们只得了第三名，但是正是这次比赛让我敢于向自己挑战，做了自己没有尝试过的事。

生3：我和大家分享的照片是我在学校做义工的照片，这个活动的主题叫做"变废为宝"。我们义工小组的同学负责给大家讲解如何把废弃的物品变成有用的东西，当时我觉得自己很了不起，感觉自己在传播正能量。

生4：我和大家分享的是在我9岁那年，和爸爸妈妈一起去台湾旅游的照片。那是我第一次去那么远的地方旅游，感觉非常好。台湾的小吃给我留下了深刻的印象。

生5：我和大家分享的是三年级的时候我们班举办"美食节"，妈妈做的可乐鸡翅受到同学们的欢迎。看，我的盘子里已经光光的了。

生6：我分享的照片是我们飓风小组在学雷锋活动中的照片，我们去三月风劳动。当时的环卫工人还向我们竖起大拇指。

生7：我和大家分享的照片是我们五年级去东部华侨城社会实践的照片，那时我们刚换了班主任，景点很美，我们当时拍了一张很漂亮的全家福。

生8：我和大家分享的是学校组织的跳大绳比赛，我们团结一致，勇夺第一的照片，大家都特别激动。你看，有几个同学的表情因为高兴而显得特别夸张。（孩子们哄堂大笑）

师：刚才每个小组派两名同学和大家分享了照片里的故事，有成功后的喜悦，有失败后的彷徨，有与同学之间的趣事，有与师长之间的感人故事。无论是何种感受，那都是属于你的成长印记。老师也收集了一些照片，让我们一起回顾一下。播放课件：《我们共同走过的日子》。

学生观看。（在音乐陪伴下一起回顾六年的成长时光）

师：刚才老师看到有些同学已经热泪盈眶，能说说你现在的感受吗？

生1：我非常感动，感动于我们一起走过那么多的日子。

生2：我感动于那么多精彩而又美好的瞬间。

生3：我感动于我们一起经历过的酸甜苦辣。

师：是啊，在过去的日子里，我们携手前行。我们一起品尝成功的滋味，一起咀嚼失败的味道，在每一个重要时刻，在每一个精彩瞬间，我们都是彼此不可或缺的重要他人。回顾成长历程，有哪些一直默默地陪伴在我们身旁，值得我们深深去感谢的人呢？

生1：爸爸妈妈。

生2：老师。

生3：同学。

生4：校园的保洁人员，每天为我们提供干净整洁的学习环境。

生5：所有为我们的成长提供过帮助的人。

第二环节：爱在左　感恩在右

（一）感恩父母

播放公益广告《孝顺父母：拿毛巾篇》。

师：法国浪漫主义作家雨果说过这样一句话：母亲的胳膊是由爱构成的，孩子睡在里面怎能不香甜？我们把它改一下：父母的胳膊是由爱构成的，孩子睡在里面怎能不香甜？我们从牙牙学语到蹒跚学步再到懂事明理，每一个成长的瞬间无不倾注着父母无私的爱。视频中，从拿毛巾这个小小的细节中，让我们深刻地感受到，父母就是这样为我们的成长默默地、无私地奉献着，无怨无悔。对于这份厚重的爱我们将如何回报呢？

生1：照顾好自己就是回报父母的爱。

生2：不让父母操心就是回报。

生3：为父母做力所能及的事就是回报。

师：回报父母的爱是我们每个人一生的大课题，那作为我们要怎样做呢？老师想用《弟子规》中的名句来和大家共勉。

课件：父母呼，应勿缓；父母命，行勿懒！

亲有过，谏使更；怡吾色，柔吾声！

——《弟子规》

生1：意思是父母呼唤，要赶快答应；父母有命令，应赶快去做！

生2：父母有过错，劝他们更改！要面带笑容，语调柔和！

师：同学们理解得很好，就让我们从身边的小事做起，践行孝亲，我能行！

(二) 感恩师长

师：古人有一句话叫作"一日为师，终身为父"。古今中外，有许许多多伟人在尊师方面为我们树立光辉的榜样。

1. 读名人故事。

毛泽东给徐老祝寿。

1937年初，党中央由保安（今志丹县）迁到延安，适逢徐特立60大寿，毛泽东草席未暖，就发起为徐老祝寿的活动。1月31日夜，毛泽东整整工作了一个通宵。2月1日黎明，警卫员见他一夜没合眼，又一次来请他休息，他说："我顾不上休息哟，你知道今天是什么日子吗？是我的老师，也是大家的老师徐特立的寿辰！我还要写贺词呢！"说着，他提笔写了封长信。信中，他热情地颂扬了徐特立"革命第一、工作第一、他人第一"的革命精神和道德情操，并写道："你是我20年前的先生，你现在仍然是我的先生，你将来必定还是我的先生……"写罢，他顾不得吃饭，又将祝寿活动的准备情况亲自检查了一番。寿堂设在延安城东天主教堂里。中央办公厅蒸了60个馒头，以代替寿桃，并预备有瓜子、花生、红枣等，摆满了铺着红布的桌子。参加祝寿的人挤满了教堂。徐特立头戴一顶鲜艳夺目的大寿帽，由毛泽东等陪着走进来，被团团围在中央。人们纷纷起来，恭恭敬敬地给徐老敬献寿酒。在这种令人陶醉的气氛中，中国文艺协会的同志们朗诵了一首由丁玲、周小舟、徐梦秋等一起为徐特立写成的祝寿诗：苏区有一怪，其名曰徐老。衣服自己缝，马儿跟着跑。故事满肚皮，见人说不了。万里记长征，目录以编好。沙盘教学生，A、E、U、J、Q。文艺讲大众，现身说明了。教育求普及，到处开学校。绿水与青山，徐老永不老。

师：毛泽东给徐老祝寿，毛泽东是一代伟人，同时也是一位知恩图报的好领袖。他为老师祝寿花费了一整夜的时间，毛泽东的这种尊师的精神值得我们每一个人学习。

如果说孝顺父母从身边的小事做起，那同学们认为感恩师长我们该怎样做呢？请同学们展开讨论。

生1：对给过我帮助的师长，常怀一颗感恩的心。

生2：认真听老师的教导。

生3：好好学习，不辜负老师的期望。

生4：一日为师，一生为师。

生5：做个对社会有用的人是对老师最好的回报。

师：除了父母之爱，还有一种爱是不求回报的，那就是老师的爱。同学们，让我们感谢成长中给过我们帮助的老师们。

(三) 感恩社会

师：在我们的生活中，有这样一些人，他们也在用他们独有的方式在为我们的成长默默地付出着。请看视频《向你们致敬》，你看到了什么？

生1：视频中我看到晨曦中开始做清洁的环卫工人。

生2：护送我们过马路的交警叔叔。

生3：清晨为我们配送早餐的叔叔阿姨。

师：社会中还有很多人都在以自己独特的方式关心着、呵护着我们的成长。对于这些默默奉献的人，我们又该做些什么呢？

生1：珍惜他们的劳动成果。

生2：遵守秩序。

生3：对他们的劳动真诚地说一声：谢谢。

师：是的。一路走来，我们值得珍藏的画面太多太多，我们值得感动的事太多太多，我们值得感谢的人太多太多。在成长的路上，我们与快乐同行，与感恩共舞。作为一名即将小学毕业的学生，你有着怎样的人生梦想呢？

第三环节：许未来愿望，展青春梦想

请看公益广告：《梦》。

（一）致未来的自己

师：苏格拉底有一句名言：世界上最快乐的事，莫过于为理想而奋斗。说说自己的理想。

生1：我想做一名医生。

生2：我想做一个老师。

生3：我想做一个考古工作者。

生4：我想做一个动漫设计者。

师：现在请同学们为自己播种下一颗梦想的种子，刻在自己的心里，送给未来的自己。（学生双手合十许下未来梦想，配乐《青春修炼手册》）

（二）梦想起飞的地方

师：让我们把梦想装进时间的锦囊，多年后当我们再相聚时打开，我想那时一定是我们每个人圆梦的日子。为了明天步履的坚定、执着，让我们对自己宣誓：

我对自己宣誓：无论遇到任何困难，一定要实现自己的愿望和目标。

我的目标只有一个：好好学习！我要全身心投入到学习中，让开心和尽兴的玩乐留到今年暑假。我珍惜和我的老师、同学相处的时光，抛弃隔膜、自私和恶意，以关怀、真诚和爱心待人。梦和理想始终不忘，方向就是力量。

班会小结

师：有"青春"为你们保驾，有"梦想"为我们护航，让我们用最灿烂的微笑迎接即将到来的一切吧！送一句话给大家：展翅高飞日，栋梁成材时。

4月:远方

13. 展望我的初中生活

◎ 广东省佛山市南海区石门实验小学　周志

[班会背景]

有一天课间休息,我在班里收集作业,忙得不亦乐乎,突然发现一个怪现象:以前我们班下课时,都是男生在玩游戏,女生在安静地聊天,今天有十几个男生女生凑在一起聊天,还说得特大声,他们到底在聊什么?

我留神听了一下,听到这样几句话。小张说:"初中的压力很大的,还要学历史、政治、地理、生物,我表哥说课特别多,还特别难!"小丽说:"是啊,我也听人说,作业特别多,老师还特别严!"小关说:"你们都想太多了,初中跟现在一样!但是我们可能会分到不同的学校,到时候大家想见面都难了……"

我一听,恍然大悟,他们都在畅想初中的生活,不过由于信息掌握得不全面,内心都有一些恐惧感。我召集这几个同学,细细地问了他们,了解到这是当前班上很多同学的顾虑。

我想,简单地说教对六年级的孩子来说用处并不大,还是要借助主题班会,澄清是非,让学生真正认识初中的学习与生活,树立正确的人生观、世界观,让同学们都有一个充分的准备,带着饱满的学习热情,带着良好的习惯,去奔往更高的初中学府。

[班会目的]

1.总结小学阶段的收获,感恩母校的教育,感恩师长的呵护,感恩同学的帮助,明晰自己升初中后的得与失，更好地了解自己。

2. 通过同学之间的沟通与思考、辩论，教师点拨，阅读相关的资料，真正认识初中，认识自己。

3. 升华情感，激发学生对初中的向往，让学生明白怎么做才能为自己更好的未来打下基础。

[班会流程]

导入班会

播放音乐《青春修炼手册》，让班上的歌唱小明星小懿带着大家唱，同时用PPT展示同学们从一年级到六年级参加各种活动的照片。同学们看着，笑着，感叹着，气氛一片和谐。

师：同学们，唱着歌，看着照片，你是怎么想的？

生1：回想起来，不知不觉我们长得这么大了，时间过得真快。

生2：我们学会了很多知识，快乐地成长。

生3：过去的日子真幸福，我舍不得离开我们学校。

师：同学们，你们知道，为什么我们的小学生活会这么幸福吗？

生1：因为学校的活动多，学习压力不大，我们都很快乐。

生2：老师的辛勤教导，教会了我们知识，教会了我们做人。

生3：因为我们所有的好朋友聚在一起，大家一起开心成长。

师：是的，因为我们都爱这个学校，爱这个班级，爱老师，爱自己，所以我们都很幸福。今天，我们就来总结小学阶段的收获，并展望一下我们幸福的初中生活。

活动一：总结小学收获，感恩天地万物

师：过了六年，我们班每一个人都有很多的收获，你的收获是什么？你最想感恩的人是谁？请同桌互相说一说，然后再面向大家说。

生1：我最大的收获是能自如地在学校住宿，变得更独立自主了。我最想感恩的人是班主任和生活老师，以前我总是哭着闹着，不想上学，是你们一点一滴地教会我做人做事的道理，谢谢你们。

生2：我的收获是学会了非常多的知识，懂得了很多道理，感谢我们班上的

每一位科任老师，带领我们在知识的海洋里遨游。

生3：我最大的收获是获得了《小金钟》歌唱比赛南海区一等奖，我要感谢我的音乐老师，还有一直帮助我、支持我学习唱歌的爸爸。

生4：我的收获是拥有健康的身体，我要感谢体育老师教会了我运动的技巧，饭堂阿姨提供的美味饭菜。（同学们哄堂大笑）

生5：我觉得自己从一年级到六年级，整个人从各个方面都进步了，我觉得我要感谢每一位老师、同学，是你们，让我拥有了一个快乐的童年。

师：同学们说得非常好，我们不仅仅在六年里有了很多收获，还懂得感恩父母，感恩老师，感恩同学，感恩天地万物。学会感恩，这会让我们走得更远。

活动二：回忆小学生活，总结过往经验

师：同学们都有很多收获，懂得感恩，但是，我们还记得吗？我们在一年级刚来到学校是怎么样的呢？又是怎么适应过来的？

生1：老师，我记得当时我很不愿意来学校，每次来的时候都是抱着妈妈的大腿哭，老师经常带着我在校园里逛，给我讲故事，慢慢我就适应了。

生2：一年级刚开学时，我当时天天都很想父母，经常偷偷在厕所里面哭，后面慢慢觉得跟大家在一起也挺开心的，就没有再哭了。

生3：有一次我在哭的时候，我看见妈妈也哭了，我觉得父母也很难过，我要更懂事，后来我就学着去适应学校，就越来越喜欢我们学校了。

师：（总结）是的，刚开始来到小学，我们都不适应，后来都很喜欢我们学校，这其中，有父母的帮助，有老师的关怀，同学的爱护，更多的，是我们自己越来越懂事了。让我们来总结一下，我们要转变自己的心态，学会学习，学会融入新的集体，学会适应新环境。

活动三：学生尽情辩论，教师正面引导

师：时光如白驹过隙，现在，我们要升初中了，要面临全新的环境，全新的老师，全新的同学。同学们，回想一下，跟六年前像不像？

生：（齐声）像！

师：老师了解到，你们或多或少知道了一些初中的情况，也有一些自己的想法。现在，请大家把自己的想法在组内说一说，组长总结一下。（小组讨论开始，教师

走到学生中间，倾听他们的心声）

师：你们所理解的初中生活是怎样的？能跟我们说一说吗？同学们，今天这一场是自由辩论赛噢！大家畅所欲言吧！

（汇报开始）生1：老师，我听人说，初中科目很多，除了语、数、英，还有生物、历史、地理、政治等，作业特别多，好累啊！

生2：我不同意！我觉得学多一点知识，我们会变得更聪明，更强大。

生3：听说上初中还要军训，教官非常严格，天天训练，我表哥去年军训，好几次都哭了，人都晒得跟炭一样。

生4：是啊，军训很累就算了，到时我们这些好朋友不知道还有几个人能在同一个班。

生5：我不同意你们的说法，军训很累，但是可以锻炼我们的身体和意志啊，虽然小学的好朋友不在身边，但是我们的心始终在一起，我们还可以交到很多新朋友。

师：（引导）其实，在我们人生中，总会遇到这样那样的困难，同学们在一年级的时候是怎么适应过来的，上了初中，也一定能够适应新环境，喜欢上新环境。面对新环境，我们是用积极的态度去面对，还是用消极的态度去面对？

生：（齐）积极的态度。

生1：其实，老师刚才已经教我们了，我们升初中后，心态要转变，主动融入新集体，学会适应新的环境。

生2：老师，我们懂了，像刚才那位同学说的，我们要用积极的态度去面对新的挑战，赢得新的胜利！

师：同学们，你们总结得真棒！

活动四：真正了解初中，师兄现身说法

师：俗话说得好，"耳听为虚，眼见为实"，今天，我们请来了去年毕业的同学，你们的师兄小李。下面，请他来汇报一下他在初中的所见所闻。（请上一届学生上台，播放准备好的PPT：精彩的初中生活）

小李：同学们，恭喜你们，即将成为一名中学生。现在，我来全面介绍一下初中的生活……

（用PPT展示精彩的初中生活，包括校园环境、教师素养、精彩课程、多彩活动、励志军训、美好的友情等，从正面引导学生认识初中的生活）

小李：最后，我有几点建议，希望对同学们有帮助。

1. 勤奋刻苦学习，再创新的辉煌。

中学的课程多，作业多，课后的时间比较少，刚开始，我们不太适应。但是，同学们，宝剑锋从磨砺出，梅花香自苦寒来！学习从来都不是一件特别轻松的事，相信，优秀的你们，一定能够懂得如何去学习，再创新的辉煌！

2. 养成良好的学习习惯。

良好的学习习惯有助于我们的学习，初中的课程比较难，除了课前预习，认真听讲，勤作笔记，及时复习，认真做作业以外，我建议大家养成以下这几个习惯：(1)有计划、按计划地学习。(2)讲求效益，专心致志地学习。(3)热爱学习，认真思考。(4)自主学习。这样，我们学习一定能事半功倍。

3. 学会交友，结交新的朋友。

同学们，我们平时要严以律己，宽以待人。关心他人，热心地为班级服务，为他人服务。学会尊重他人，这样，你肯定能够赢得他人的尊重，赢得他人的友谊。

4. 多参与活动，丰富自己的课余生活。

除学习以外，学校也有各种各样丰富多彩的活动，如体艺节、音乐节、科技节，同学们要踊跃参与噢，这些都是锻炼自己能力的好机会。同时，学校还有很多的社团，像篮球社团、象棋社团、摄影社团、绘画社团等，都等着你的到来！

（自由答问释心结）小李：现在，是自由答问时间，同学们有问题，就来问我吧！

生：……

同学们认真地看着那精美的PPT上展示的美丽校园、整洁的教室、开心的同学们，问着一些自己还不懂的问题，听着师兄语重心长的教诲，他们的脸上也露出了微笑。现在，他们对初中的生活都充满了期待！

活动五：升华学生情感，为未来奠基

师：小李，谢谢你！同学们，展望初中生活，你现在觉得怎么样？你要怎么做？

生1：老师，听了小李哥哥的话，我觉得虽然军训很苦，但是可以锻炼我们坚强的意志和克服困难的勇气，我再也不怕军训了。

生2：我现在觉得，那么多门学科，也是一种全新的挑战，每一天，我们认真学习，汲取知识的营养。课间，我们在校道上漫步，欣赏美丽的风景，我迫不及待地等待那一天的来临。

生3：到了初中，我们还会学到生物、地理这些学科，我们会在知识的海洋里，见识到太空的奥妙，大自然的神秘，解开那些未解之谜。天哪，原来初中的知识这么好玩。

生4：我想多参加一些课外活动，学校里有我最喜欢的象棋社团，我会在这里学到很多关于象棋的知识。我要努力学习，实现我成为"国手"的梦想。

生5：老师，我觉得命运掌握在自己的手中，初中的生活会是一个全新的起点，我一定要做好自己。

师总结：对，这世界有阴就有阳。同学们，美好的未来在等待着你们，一寸光阴一寸金，寸金难买寸光阴，我们要从现在开始，培养好习惯，为初中奠基。同学们，一起加油吧！

（总结活动）师：现在，请同学们把自己的美好愿望，把自己的学习计划写下来，我们用一个时空瓶保管好。毕业一年后，我们再相约一起，看一看我们当初的愿望实现了没有，好不好？

生：好！（学生认真书写自己的愿望和计划，班会课圆满结束）

我有一个梦想（代后记）

秦 望

班主任工作是我教师生涯的重要组成部分，当我沉醉于这一"广阔天地"时，逐渐萌发了终生从事班主任工作实践与研究，为"班主任学"的建立添砖加瓦的梦想。

为此，从2005年开始，我和身边的班主任组建了"8+1工作室"这一班主任工作研究团队，并在走遍全国的讲学活动中吸引了很多同行一起从事这一事业。我们紧紧围绕中小学班主任工作所需，边实践、边记录、边研讨、边整理，编写班主任工作书系的想法越来越强烈。

我在实践基础上提炼了班主任必修12课——日常管理、文化建设、特殊学生、管理队伍、活动组织、主题班会、家校共育、沟通艺术、心理辅导、案例分析、课程开发、专业成长等，还在此基础上撰写了一组文章解读这12个主题，每个主题追溯历史发展脉络，提炼核心内容，提供文章和书单，指引学习实践方法，勾画出班主任专业成长路线图。

同时，我在指导全国各地"班主任工作室建设实验校"过程中，浏览了数百本有关班主任工作的图书，遗憾的是，我发现适合做"教科书""参考书"的数量有限，远远满足不了全国450多万名班主任学习的需要。于是，我着手围绕这12个主题编写班主任读本。

2015年，"8+1工作室"启动了"中小学班会教学参考书"的编写计划，2016年9月，我主编的三卷本《高中系列班会课》出版，同时启动的《初中系列班会课》

《小学系列班会课》的编写,却进行得曲曲折折。

在本书编写过程中,我得到了"8+1工作室"伙伴们的鼎力支持,伙伴们提供了许多实际案例。江苏扬州卜恩年老师长期奋战在小学班主任岗位,对小学教育情有独钟,我们合力搭建《小学系列班会课》框架,带领团队奋斗了两年,终于在2019年交稿。

借本书出版之机,向一直支持我、关心我成长的前辈丁如许、张万祥、唐云增、迟希新、李镇西、张国宏、熊华生、魏强等老师表达真诚的敬意!向给我班主任工作研究以很大启发的班主任工作研究专家王立华、陈宇、李家成等朋友表示感谢!还有众多同行,感谢你们的鼓励与帮助,让我们为中国"班主任学"的建立而共同奋斗!